名桜大学やんばるブックレット　3

やんばると台湾

――パインと人形劇にみるつながり

菅野　敦志

公立大学法人
名桜大学
MEIO UNIVERSITY

目次

第二部

やんばる・人形劇・台湾——名護・屋我地島から新たな沖縄文化を発信する桑江純子——

〈凡例〉

年号は主に西暦を用いた。

本文中の［］内は筆者による補足や説明である。

序　文　やんばるからの沖縄―アジア関係史

本ブックレットの目的は、名桜大学が位置するやんばるという地に焦点を当てて、やんばるの中に外国や周辺地域とのつながり――特にアジア、具体的には沖縄にとって最も近い東アジアの隣人である台湾――を見出すことで、「やんばるからの沖縄―アジア関係史」を考えるきっかけを提起することにあります。

一般的に、閩人《びんじん》三十六姓、久米村、至聖廟（孔子廟）、識名園や福州園などに代表されるように、外国――とりわけ中華圏――とのつながりを代表するような対象や場所は、往々にしてそうした史跡が集中する県南部を中心としてイメージされることが多いように思われます。もちろん、やんばるには『六諭衍義《りくゆえんぎ》』を中国から持ち帰ったことで知られる程順則《ていじゅんそく》（名護親方《なごうぇーかた》）の存在もあるのですが、程順則が実際に名護で生活していたのは七年間で、七二年の生涯のほとんどを那覇で暮らしていたとされますし、そこには、外国との結びつきに対するイメージ――いわゆる「国際」イメージ――にも、沖縄本島内の〝南北格差〟が埋め込まれている側面があるようにも感じられます。

しかしながら、現代のやんばる地域に居住する／されていた人々に目を向けてみると、東アジア――特に台湾――との豊かなつながりを見ることができます。本ブックレットが伝えたいのは、この「人と人がつなぐ地域と地域」が国境をこえて、このやんばる地域に見ることができるということ、そこから新たなやんばる像を描いてほしい、ということです。

そうした目的に基づきながら、やんばるの中にある外国・台湾とのつながりを紹介するために、本ブックレットでは、戦後のやんばると台湾のつながりを象徴する人物について紹介します。具体的には、戦前の台湾における居住経験とつながりをもとに戦後東村にパインを導入し、同村を北部地域におけるパインの一大産地に育て上げた元東村長の宮里松次・ミヱ子夫妻（第一部）、そして、台湾の人形劇団に弟子入りし、帰国後に沖縄の文化要素を組み込んだ独自の人形劇を展開している名護・屋我地の人形劇団「かじまやぁ」の桑江純子代表（第二部）をとり上げます。

なお、本ブックレットの内容については、二〇一七年一二月七日（木）に名桜大学学生会館サクラウムを会場に、名桜大学国際学群国際文化専攻・那覇日台親善協会「やんばると台湾―パインと人形劇にみるつながり」シンポジウムを開催し、地域の皆さまに対しても研究成果を還元させていただきました（『琉球新報』二〇一七年一二月二九日、二二面を参照）。また、第一部については、二〇一六年七月一七日に早稲田大学で開催された日本国際文化学会第一五回全国大会自由論題セッションCにて報告した内容に大幅な加筆修正を加えています。

最後に、本ブックレットは、名桜大学研究基盤形成事業「環太平洋を中心とする沖縄から／への〈人の移動〉に関する総合的研究」で筆者が二〇一四～一七年まで研究班リーダーを担当した東アジア研究班による成果の一部です。筆者の力不足もあり、やんばるの発展のためにご尽力されているすべての方々をとり上げることができないことをお詫びするとともに、本書を読んでいただくことで、新たなやんばるの理解につながることを心より願っています。

名桜大学国際学群国際文化専攻長　菅野敦志

第一部

やんばる・パイナップル・台湾

――〝日本一のパイナップル村〟と宮里松次・ミヱ子夫妻――

はじめに

名桜大学は、名護市の為又《びいまた》という場所にあり、美しい名護湾を一望できる高台に位置しています。その名護市がある沖縄北部は、通称「やんばる」（山原）と呼ばれる地域です。名護市には、全国から学生を集める名桜大学と同様、全国的な知名度を誇る「ナゴパイナップルパーク」という観光スポットが、同市の観光客誘致と集客に大きな効果をあげています。

今も「昔」も、沖縄本島北部は八重山諸島と並ぶ、沖縄県内におけるパインアップル（以下、パイナップルもしくはパイン）の主産地です。誇るべきことは、やんばる（東村）がパイナップル生産高で日本一であることです（最新のデータによれば、生産高は二〇一六年で一三五二トン、生産農家は二〇一五年で一九四戸(1)）。そのことから、沖縄北部の一つのシンボルと認知されているのがパイナップルであるといっても過言ではありません。

このようなパイナップルと同様に、南国の「スローライフ」の象徴として、沖縄（とりわけ八重山諸島）観光を代表するシンボル的存在となっているのが水牛です。本ブックレットでは東村のパインと台湾のつながりを中心に扱うため、水牛はあくまで付随的な存在として紹介するに止めますが、パイナップルであれ水牛であれ、それらは元をたどれば日本統治下の台湾から、台湾人移住者によって沖縄に持ち込まれた外来のものでした。そして、その導入と定着の歴史は——現在の定着

ナゴパイナップルパーク

ぶりとは好対照であるといえますが——きわめて浅いものでした。

沖縄観光のシンボルともなっているパイナップル（そして水牛）が台湾由来であることに対しては、導入の歴史が浅いこともあり、上の世代ではその由来に対する正確な認識は（少なくとも沖縄県内においては）決して低いものではありません。ところが、若い世代にはそうした記憶は継承されることなく、パイナップルと水牛が外から持ち込まれてきたものという記憶がほぼ消え去ってしまっている、というのが現状です。他方、その多くが沖縄に対する深い理解を持ちえない県外からの観光客であれば、そうした認識はなおさら期待できるものではありません。このことは後述しますが、一例として、筆者が勤務する名桜大学で実施した学内アンケート調査にも明らかであり、同アンケートに回答した在学生のほとんどは、パイナップルと水牛を「沖縄在来」であると思い込んでいたのでした。

このように、パイナップルや水牛は沖縄観光のシンボルとして、通常において〝われわれ〟のものとして肯定的に認識されているといえます。日本本土との差異化を図り、観光客に喜ばれるシンボルや商品の存在は観光マーケティングにおいてはきわめて重要です。ただ、その一方で、多くの人が普段気にしない点ではあるかもしれませんが、なぜ、どのようにしてそれらがそ

（1）東村役場企画観光課・小沢英文さんからの資料提供による。

こに「ある」のか、もしくは「持ち込まれた」のか、やはり、改めてそうした観光シンボルの受容と定着の歴史について、われわれは気にかける必要があるでしょう。それは、別の側面から見れば、それらの導入と受容の歴史は、近代における帝国日本の対外膨張——「植民地統治という負の歴史」——を象徴する存在としての側面もあわせ持ったものだからです。

この点についても後に詳しく触れたいと思いますが、とはいえ、そもそも人の移動に伴う文化変容には、肯定的に捉えられる「光としての移動の歴史」ではなく、「影としての移動の歴史」によってもたらされたものが少なくありません。われわれが生きる世界には必ず光と影があります。どちらか片方だけしか見えない歴史や関係性は、むしろ創られたものである可能性も考えられるのであり、こうした認識をもって自己と外国の関係を把握・理解することはとても重要となってきます。

そこで本章では、境界を越える人と文化の移動について、やんばるとパインの関係性を、宮里松《まつ》次《じ》・ミヱ子夫妻に焦点を当てながら紹介し、最後に国際文化論の見地からも若干の検討を試みてみたいと思います。

沖縄と台湾の人の移動と関係史

日本の最南端にある地域としての沖縄は、国民国家の枠組みでは「日本という国民国家の周辺」に位置するとしても、東アジアという地域的枠組みにおいて思考した場合、「東アジアという地理的広がりの中心」として位置づけられます。

このことを距離でみてみましょう。沖縄（那覇空港）から台湾（桃園空港）へは六三三キロとなります。飛行機に乗れば、この距離は約一時間で飛ぶことができますが、実はこの六三三キロというのは、那覇—福岡間の約八六一キロよりも短いのです。

沖縄と台湾の関係の近さは、距離の近さだけではありません。沖縄は国内からの観光客はもとより、近年ではＬＣＣ（格安航空会社）を含む航空路線の急速な拡大により、海外からの観光客が激増しています。そうした状況のなかで、何よりも、例年の来沖外国人観光客の約四割が台湾からの観光客によって占められていることは特記すべきことでしょう。沖縄県の貿易額に占める台湾の割合は、二〇〇六年においては輸出で八三・九％、輸入で一二・五％まで上昇しました（二〇一六年は

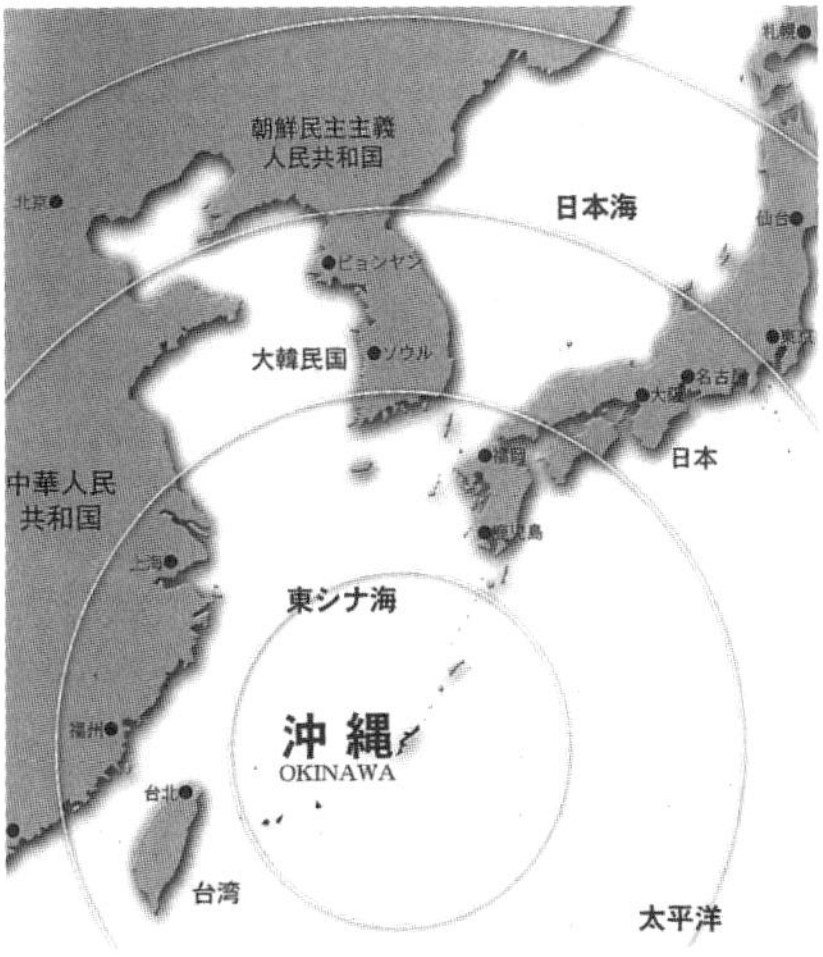

図１：沖縄の位置　出典：『沖縄経済ハンドブック 2012 年度版』（沖縄振興開発金融公庫、2012 年）

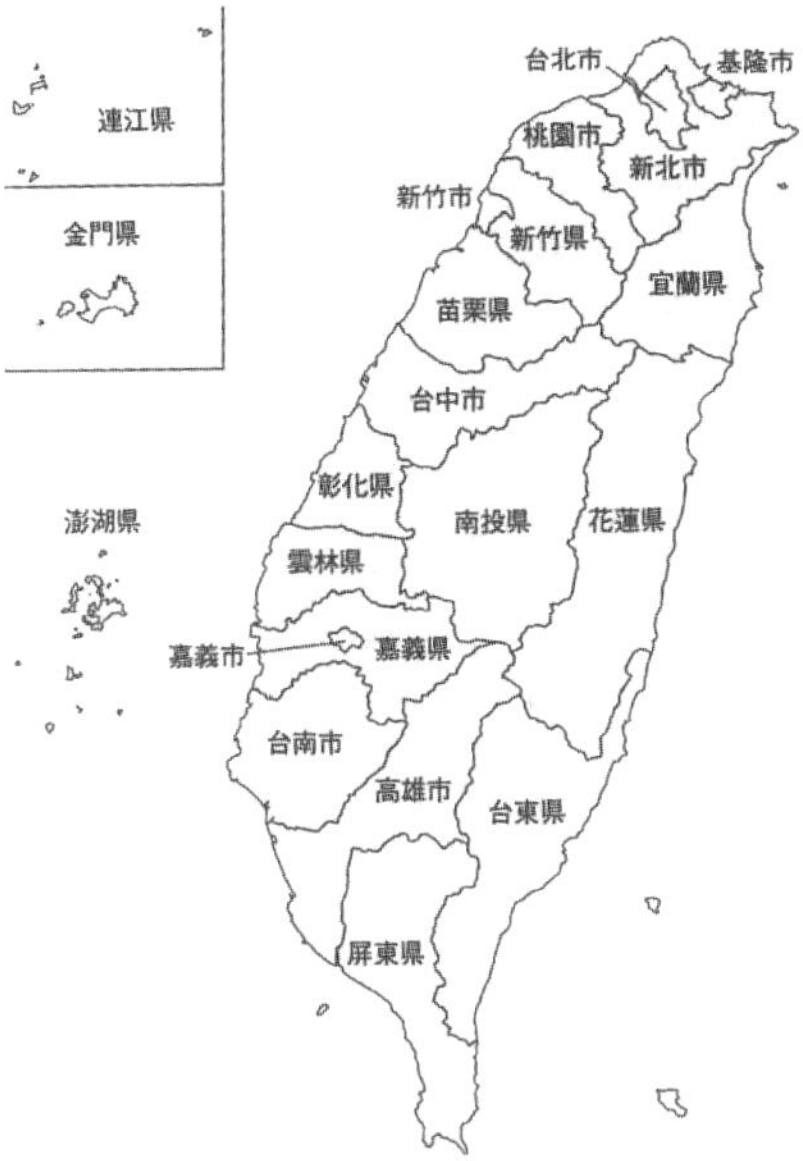

図２：台湾の地図　出典：赤松美和子・若松大祐編『台湾を知るための 60 章』（明石書店、2016 年）

輸出で中国、香港に次いで第三位、輸入で第十位）。他方、人材育成についても、日本本土枠とは別に、台湾政府による沖縄県人のための奨学金制度の特別枠（毎年二名）があることからもわかるように、沖縄と台湾は特別な関係にあります。

　学術面においても、沖縄と台湾に関する研究は量的な増加が見受けられるようになってきています。沖縄と台湾は、かつての帝国日本への編入過程を見ても、きわめて近い〝一衣帯水《いちいたいすい》〟の関係性にあったといえますが、近年の研究では、人の移動ならびにパイナップルをめぐる沖縄と台湾の関係史に焦点を当てたものが少なくありません。[2] とりわけ、中心的にとり上げられているのは、沖縄にパイン産業を台湾から持ち込んだ台湾人入植者と受け入れ側の石垣島のホスト社会の話です。

　具体的には、日本統治時代の台湾から石垣島に渡り、沖縄にパイン産業を根付かせた林発《りんぱつ》を中心とする台湾人入植者たちと地域住民との誤解・衝突・和解がとり上げられています（ちなみに、林発のお孫さんにあたる林和佳奈さんは、本学人間健康学部看護学科に在籍されています）。この話は、ドキュメンタリー映画『はるかなるオンライ山―八重山・沖縄パイン渡来記』（三木健原作、本郷義明監督）にもなっており、同映画は、二〇一五年七月に名桜大学で地域上映会が実施されました。[3]

　筆者は上映後に、パイン（および水牛）が外来のものであること、特に台湾から導入されたものであることの知識について、次のような質問を挙げてその認識を問う簡単なアンケートを行ったのですが、その結果は表の通りです。

　興味深いのは、この結果からもわかるように、沖縄県内・県外出身者にかかわらず、ほとんどの

Q：パインと水牛が沖縄土着ではなく、台湾から導入されたことを知っていましたか？

回答者：185 人（Ａ１：知らなかった 177 人　Ａ２：知っていた８人）

知っていた人の割合は全体のわずか 4.5%

本土出身者　185 人中 101 人（全体の 53%）

Ａ１：知らなかった 100 人

Ａ２：知っていた　　1 人

沖縄県内出身者の割合 185 人中 84 人（全体の 47%）

Ａ１：知らなかった　77 人

Ａ２：知っていた　　7 人（知っていた人全体の 87.5%）

→ 95.5%の学生が“外来”由来を知らず

表：パインと水牛が台湾から導入されたことに関するアンケート結果

学生がパインや水牛を沖縄古来の存在であると思い込んでいたことです。数字で見れば、九五・五%の学生が〝外来〟由来を知らなかったのです。

（2）沖縄と台湾のパイナップルについてまとめられたものの一部には、次のようなものがある。林発『沖縄パイン産業史』沖縄パイン産業史刊行会、一九八四年。北村嘉恵「パインアップル缶詰から見る台琉日関係史」『境界研究』特別号、二〇一四年三月、一三三～一三九頁。

カルチュラルスタディーズ、文化批評の観点からの考察としては、本浜秀彦「エキゾチシズムとしてのパイナップル—沖縄からの台湾表象、あるいはコロニアルな性的イメージをめぐって」（西川潤・松島泰勝・本浜秀彦編『島嶼沖縄の内発的発展』藤原書店、二〇一〇年、二七二～二九六頁）、安里陽子「パインブームからとらえなおす境界」（『文化／批評 Cultures/Critiques』第六号、二〇一五年二月、六四～八〇頁）などがある。なお、星名宏修「「植民地は天国だった」のか—沖縄人の台湾体験」（西成彦・原毅彦編『複数の沖縄—ディアスポラから希望へ』人文書院、二〇〇三年、一六九～一九六頁）でも一部言及されている。

（3）上映会は八重山台湾親善交流協会およびシネマ沖縄の依頼により、名桜大学国際学群国際文化専攻が主催して以下の通り実施された。『はるかなるオンライ山—八重山・沖縄パイン渡来記』名桜大学学生および地域上映会（二〇一五年七月二八日）会場：名桜大学多目的ホール、対象：名桜大学学生・教職員・地域住民。

今や沖縄を代表するほどの存在であるパイン、そして八重山観光のマスコット的存在である水牛ですが、それらは農業振興を目的として台湾から伝来したものでした。しかしながら、その事実についてほとんどの学生が正確な認識を持ち合わせていませんでした。沖縄を代表する存在として受け止められていることは当然ではあるものの、そうしたパインや水牛が台湾から持ち込まれたものであることを知った際の驚きは、実に計り知れないほどの衝撃であったようです。

想像／創造された〝本場〟イメージ：パイナップルと沖縄

沖縄北部・やんばるが誇る屈指の観光スポット「ナゴパイナップルパーク」の沿革は、一九七九年に設立された「名護パイン園」が起源となっています。安里清初代社長が仲間と一緒に始めた当初は、山小屋風の建物の中に東村のパインや黒砂糖などを並べたお土産屋さんとしてスタートしました。創業したころは苦労が続いたものの、地道な営業努力を怠らず、パイン入りカステラやパインを原料としたワインなどを次々と開発し、やがて観光バスが続々と入る名護の一大名所となりました。[4] なお、同施設には「沖縄フルーツランド」も併設されており、フルーツという果樹、そしてパイナップルを「売り」にしていることから、観光客にとってもやんばる＝パイナップルのイメージは強く印象付けられているといえます。

このように、沖縄といえばフルーツが豊富なイメージが想起されるといえます。しかしながら、こうしたイメージは近年想像／創造されたものであり、実際の状況はこの逆でした。現実には、台風や潮風、強い季節風、害虫被害などにより、多くの果樹の導入が試みられたものの、産業的に成功することができたのがパインと柑橘類だけだったのです。その実態は、「沖縄県へ来島する大半の観光客も極めて自然に『熱帯果樹』を期待しつつ、その巡り合わせの悪さに失望の念で去っていく」という状況にあったといい[5]、そうしたことからも、沖縄の風土に合う数少ない果樹の一つとして、パイナップルは沖縄にとって無くてはならない存在であったといえます。

戦後の一時期は、「パインブーム」と呼ばれるような、パインの生産が盛んに行われ、地域の経済もパインによって豊かになっていた時期もありました。沖縄の「パインブーム」は、一九五〇年代後半から七〇年代前半といわれていますが、そうした黄金期は長くは続きませんでした。

一九七一年の冷凍パイン輸入自由化に始まり、一九九〇年四月にウルグアイラウンドが発効したことによって、パイン輸入の全面自由化が進められると状況は一変します。フィリピンなどから入って来る安いパインに押されてしまい、沖縄のパイナップル産業は急速に競争力を失っていくこととなったのです。その結果、生産量の急激な減少と企業や工場の統廃合によって、かつて二五ほどあった多くの缶詰工場が閉鎖されていきました。県内で一カ所だけ残すことが条件とされた缶詰工

（4）『沖縄タイムス』二〇〇二年一一月三〇日、二三面。
（5）比嘉照夫「亜熱帯沖縄の果樹・造園の現状と可能性」琉球大学編『沖縄の農業』一九八五年、琉球大学、八〇～八一頁。

場は名護に設置されましたが、経営不振によって閉鎖、二〇〇四年に伊藤園に売却されました。パイン缶詰工場喪失の危機に見舞われたものの、国、地方公共団体、民間の共同出資による第三セクター方式で東村に設立された新工場（沖縄総合農産加工）では、二〇〇九年から国内のパイン缶詰の約半分が生産されています。[6]

「影としての移動の歴史」によって台湾からもたらされた沖縄のパイン

名護市に隣接する東村は、年間千トンの生産量を誇る「パイナップル生産量日本一」の村で有名です。東村は、国内のパインのおよそ三〇パーセント、缶詰用は約五〇パーセントを生産しています。こうしたことから、沖縄北部・やんばる地域を代表する農産物となっているパイナップルですが、そもそも沖縄のパインはどのような経緯で導入されたのでしょうか。次に、沖縄のパイン産業の経緯について紹介してみましょう。[7]

パインが沖縄に導入される背景には、台湾の存在がありました。もともとは南米が原産地ですが、その台湾にパインが持ち込まれたのは、一六五〇年頃に福建からといわれています。

沖縄本島には、一八八八年に国頭郡長であった朝武士《あさぶし》干城《かんじょう》が、小笠原から持ち込んで国頭郡に広めたとされています。世界における主要栽培品種であるスムースカイエン種が導入されたのは一九二七年で、本部町伊豆味に導入されましたが、栽培方法が十分に知られていなかったために定

「日本一のパイン村」東村の看板とパイン畑

着しなかったといいます。

その三年後の一九三〇年には、八重山支庁が台湾から数百本の苗を取り寄せて植付奨励を行いましたが、日本国内のパイン供給地としては台湾が圧倒的に優位であり、当時の沖縄では非常に低い栽培技術のために広まりませんでした。しかし、土地の開墾を目的として、一九三三年には台湾から沖縄（八重山諸島）に水牛が持ち込まれ、一九三五年には台湾におけるパイン缶詰会社の統合政策を嫌った林発を始めとする台湾人が八重山に移り、大同拓殖株式会社を設立して大規模なパイン栽培を開始させました。これが先に紹介した、台湾人入植者が広めた八重山のパインのことであり、沖縄初のパイン缶詰も、この大同拓殖によって製造されたのでした。

パインと同様に、沖縄観光を代表するシンボルとして認知されている存在が水牛ですが、パイナップルも水牛も、日本統治下の台湾から、台

（6）関満博編『沖縄地域産業の未来』新評論、二〇一二年、一八二頁。

（7）ここでは、「パインの里東村村政七〇周年」を記念し、東村農業協同組合や沖縄県経済連農産加工場勤務の他、東村議会議員、『沖縄タイムス』東村通信員を務められた吉本勲さんが自費出版で刊行した東村のパイン生産史の記録である以下の史料を主に用いる。吉本勲『東村のパインづくりの歩み—見習おう、先人の開拓魂』（私家版、一九九三年）。同史料は宮里ミヱ子さんよりご提供いただいた（全二五四頁）。

湾人移住者などを介して沖縄に移入された「外来」のものでした。沖縄観光のシンボルとしてなくてはならない存在のパイナップルや水牛ですが、そこでの「外来イメージ」は希薄となっています。

ところで、沖縄観光のシンボルとして、通常において「われわれ」のものとして肯定的に認識されるパイナップルですが、ここで筆者が提起したい問題は、それらが近代における帝国日本の対外膨張――「植民地統治という負の歴史」――を象徴する存在としての側面もあわせ持つものである、ということです。

この問題を考えるにあたっては、そもそも、ハワイや中南米に移住した移民の歴史には光が当てられがちであるのに対して、第二次世界大戦終結以前の旧「外地」(台湾、朝鮮半島、満州、南洋群島等、日本の植民地や日本の影響下にあった地域)であったかつての植民地から引き揚げてきた人々とそうした経験に対してはきわめて「社会的関心の低さ」が見られると琉球大学の野入直美先生は指摘しています(8)。

これを言い換えるならば、ハワイ、北米や中南米などへの移民と開拓が、語り継がれるべき「光としての移動の歴史」であるなら、一方で、かつての「外地」への移民は、日本の植民地政策に加担する(加害責任が付随する)「影としての移動の歴史」といえるでしょう。

すでに述べたように、県内・県外出身者を問わず、ほとんどの学生は、パインや水牛が沖縄古来の存在であると認識していました。他者に向けて胸を張って「名産・名物」と宣伝する〝郷土シンボル〟ですが、その起源は、植民地統治という暗い過去に由来していました。

そこでは、「自責」(加害責任の忌諱)と「自負」(独自性の主張)が、あたかもコインの表と裏のセットとして捉えられるようにも思われますが、苦労の末に成功した労働移民の存在を介して肯定的に捉えられる「光としての移動の歴史」よりも、むしろ「影としての移動の歴史」によってもたらされたものは少なくないといえましょう。とはいえ、そうした光と影の状況は、沖縄もしくは日本だけに見られるものではないのであり、むしろ、世界のあらゆる地域において共通して見受けられる人類共通の経験であるといえます。

やんばるが誇る「パイン生産日本一の村」東村

戦後のやんばるにおけるパイン生産の歴史については、台湾から引揚げてきた玉井亀次郎さんが、一九五二年に国頭郡羽地村(現在の名護市呉我)の嵐山当原《あらしやまとうばる》高台地にパインを栽培し始めたのが始まりであるとされています。[9] 東村では、昭和初期に渡嘉敷直信さんが村内の個人畑で試験的に約

(8) 野入直美「沖縄における台湾引揚者の特徴―引揚者在外事実調査票と県・市町村史の体験記録を中心に」蘭信三編『帝国以後の人の移動―ポストコロニアリズムとグローバリズムの交錯点』勉誠出版、二〇一三年、三〇五~三五〇頁。

(9) 池原真一『概説・沖縄農業史』月刊沖縄社、一九七九年、二九七頁。

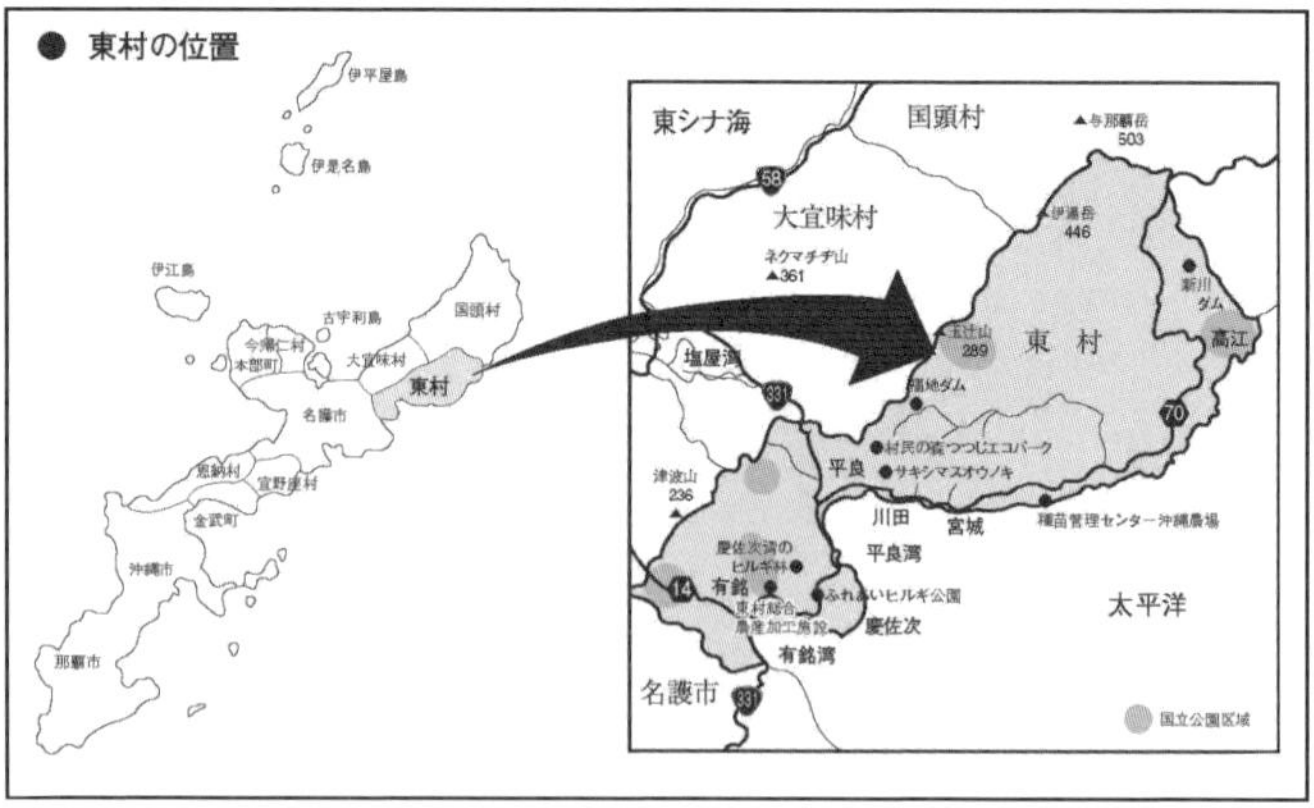

図３：沖縄県の地図と東村の位置　出典：東村役場『二〇一六年東村村勢要覧　資料編』

四千本の苗を植えたのが始まりともいわれているそうです。[10] とはいえ、栽培知識が欠落していたためにそれらは大規模生産にはいたらず、技術不足により成功しなかったとのことで、現在植えられているスムースカイエン種は一九五四年ごろに導入されたといわれています。[11]

現在、やんばるのパインの存在を日本に知らしめているのは、「パイン生産日本一の村」を誇る東村です。二〇一六年の統計によれば、東村は人口一八三三人、面積八一・八八平方キロメートル、名護市、大宜味村、国頭村に隣接し、「花と水とパインの村」で知られています（東村役場『二〇一六年 東村村勢要覧 資料編』）。

それでは、やんばるに位置する東村が「パイン日本一」を名乗ることができるようになった基盤はいつ、誰によって築かれたのでしょうか。次に、「やんばる＝パイン＝日本一」の起源として位置づけられる宮里松次《まつじ》さんについてみていきたいと思います。

「花と水とパイン」の東村をつくった宮里松次元東村村長

宮里松次元東村村長は、沖縄が本土復帰を果たす以前、琉球政府時期において立法院議員、中央

（右）宮里松次元東村村長
（左）つつじ園に設置されている宮里松次元東村村長の銅像と宮里夫妻

教育委員、琉球政府農林局長を歴任した人物です。その間の一九六二年から一九八四年まで、宮里村長は東村村長を四期にわたって務めました（一九六八～七六年は比嘉蒲春村長）。

ところで、日本人であれば、ゴルフの宮里三兄妹（長男・宮里聖志選手、次男・宮里優作選手、長女・宮里藍選手）の存在を知らない人はいないでしょう。宮里藍選手は惜しまれながらも二〇一七年に引退されましたが、宮里三兄妹の父親である宮里優《まさる》さんは、松次さんのお兄さんである宮里那三郎さんの長男であることから、親戚関係にあります。宮里優さんは、名桜大学が提供しているゴルフ授業でも指導されるなど、本学の人材育成にも大きな貢献を果たされました。[12] また、二〇一七年には、宮里三兄弟を中心とした村出身のスポーツ選手の功績をたたえる「東村文化・スポーツ記念館」も開館しました。

その宮里松次村長の果たした主な功績は、村長在職期間中に東村に

（10）吉本、前掲書、一一頁。
（11）以下、東村役場の小沢英文さんからご提供いただいた以下の資料を参照。東村役場作成資料「宮里松次村長が取り組んだパイナップル栽培について」
（12）小賦肇「やんばるとゴルフ」『やんばるとスポーツ』沖縄タイムス社、二〇一七年、八七頁。

パイン産業を導入したこと、そして「東村村民の森つつじ園」を開いたことであるといえます。こうした功績の大きさがたたえられ、東村には宮里村長の銅像も建てられています。

現在、東村は「花と水とパインの村」をキャッチコピーとしていますが、このキャッチコピーにある三要素（花＝つつじ、水＝福地ダム、パイン）は宮里村長の時に作られたものです。同村きっての観光名所であるつつじ園も、宮里村長が村民とともに一丸となって造成し、開園したものです。現在同園は、その後拡張建設された「東村村民の森つつじエコパーク」に隣接しています。

宮里村長は、「ホテルや遊園地など、いわゆるケバケバしい観光施設には反対」としていました。彼は、「東村は農業を主体にした純農村だし、農業の発展が、そのまま観光に結びつくというのが私の考え方」であると述べて、子どもから大人まで、むしろ落ち着いて成熟した観光地としての東村の姿を理想としていたといえます。(13)

日本一のパイナップル村、村内随一の観光名所となったつつじ園ですが、東村を有名にした観光資源が生まれた背景には、宮里村長が暮らした「異国」の経験が大きく影響していました。その「異国」というのは、一九四五年までは沖縄と同じ日本であった台湾でした。

かつての台湾在住経験からパイナップル生産日本一とつつじ園を生み出したことについて、宮里村長は「台湾では茶、パイナップル、バナナ園を観光コースにとり入れているほど」として、台湾にならい、東村はパイン畑を観光資源として利用すべきことを提唱していました。(14)他方、つつじ園は一九八三年に完成し、初回のつつじ祭りが開催されましたが、開催される祭りは、例年大量の観光客の来村を可能としました。そして、村で生産される茶の販路が確保されただけでなく、苗木販

売や関連するビジネスも生まれることとなりました。(15)

戦時下の台湾が結んだ宮里松次・ミヱ子夫妻の縁

宮里ミヱ子さんは宮里松次村長の奥さまです。ここでミヱ子さん個人のお話もしておきましょう。ミヱ子さんは旧姓を案浦《あんのうら》といい、一九二五年に台中（当時は台中州）に生まれました。(16)日本統治下の台湾に生まれて育った日本人は「湾生《わんせい》」と呼ばれており、「私は生粋の湾生」、「台湾は私の故郷であり、原点です」とミヱ子さんは言います。当時の台湾の人について、おじいさんたちはア

2017年に名桜大学で講演する宮里ミヱ子さん（宮里松次元東村長村長夫人）

（13）前掲書、一七四頁。
（14）同右。
（15）東村における産業おこしの取り組みについては、元東村役場農林水産課長の山城定雄さんによる以下の文章を参照のこと。山城定雄「東村／交流型農村による産業おこし―小さな村の大きな挑戦」関満博編、前掲書、一九二～一九九頁。
（16）宮里ミヱ子さんの台湾在住時から引揚げにいたる経験については、菅野敦志「元東村村長宮里松次夫人の台湾・沖縄経験―宮里ミヱ子オーラルヒストリー」（『名桜大学総合研究』第二五号、二〇一六年三月、一〇七～一一九頁）を参照のこと。

1943年に撮影された台北女子高等学院1年次のクラス集合写真（2列目左から2人目がミヱ子さん、中央の花木の真上に立つ2人の女子学生のうち右側が曽文恵さん）

ヘン（麻薬）を吸い、おばあさんたちは纏足《てんそく》（幼いころから両足を小さくする中国の風習）をしていて、ミヱ子さんも隣近所の台湾人と会うと「チャパーボエ」（元気ですか？）と台湾語で挨拶していたそうです。

ミヱ子さんは、新竹高等女学校を経て、台北女子高等学院に入学します。台北女子高等学院は私立の学校で、内地人（当時の日本人に対して使われた呼称）と本島人（当時の台湾人に対して使われた呼称）の在籍者の割合がほぼ半々だったといい、台北帝国大学から講師の先生も来てくれるような恵まれた学習環境であったそうです。

その台北女子高等学院は、日本本土でいえば聖心女子学院に相当するようなお嬢様学校でした。例えば、聖心女子学院が美智子皇后を輩出した学校であるのに対して、台北女子学院は李登輝《りとうき》総統（任期：一九八八～二〇〇〇）の奥さまである曽文恵《そぶんけい》さんが卒業生であることにもわかるかと思います。実は、曽文恵さんはミヱ子さんのクラスメイトで、当時は改姓名のため曽

上：台湾・新竹高等女学校時代の宮里ミヱ子さん
下：宮里松次陸軍中尉（ミヱ子さんとのお見合い写真用に台湾の写真館で撮影）

山文恵さんといいました。在学時、ミヱ子さんはクリスチャンであった曽さんから教会に誘われたこともあったそうです。

ミヱ子さんの青春は長引く戦争（一九三七年日中戦争開戦、一九四一年アジア太平洋戦争開戦）によって奪われました。そのため、戦争は絶対にしてはいけない、と強い思いをもっています。他方、生涯の伴侶となる松次さんとの出会いも、戦争がもたらしたものであったといえます。一九四四年、軍人（陸軍中尉）であった松次さんは、知人からの紹介を受け、戦時下の台湾でミヱ子さんと出会いました。二人は戦時下の台湾で、夜間の灯火管制の下でひっそりとお見合いをしたのでした。その後、二人は一九四五年に日本が戦争に負けた約半年後に結婚し、翌年の一九四六年の春に、ミヱ子さんの父親の郷里である福岡に引揚げました。

日本敗戦・引揚げ後に東村で出会ったパイン

引揚げ後、松次さんはかつて軍人だったため「戦犯」として公職追放となります。塩焚《た》き、新聞記者、八百屋、魚屋などの職を転々とし、最終的に教材販売・文房具店を営むことになりました。福岡には台湾からもミヱ子さんのお父さんの知人の台湾人の方々が訪問してくれるなど、戦争が終わっても台湾とのつながりは切れてはいなかったそうです。

福岡でしばらく生活していた二人でしたが、松次さんは一九五六年にお墓参りのために東村に戻りました。当時は米軍政下にあったため、パスポートを持って鹿児島から船で向かわなければいけませんでした。東村に戻った松次さんは、そこで多くの友人や親せきが亡くなったことを知り、戦死した友人たちのためにも、自分が東村の復興に尽くしていくことが使命だと思ったそうです（後に村には慰霊碑が建立されました）。

そのころ、東村では琉球政府が無償で数千本の苗を配布するなどして、一部の家庭で試験的にパインが栽培されていました。とはいえ、栽培知識の不足から、腐敗する苗も少なくなかったといいます。松次さんのお姉さんも自宅の畑に百本ほど自家用に植えていたことから、松次さんはその畑でとれたパインを青いバナナと一緒にお土産として福岡に持ち帰りました。ミヱ子さんたちは、「沖縄でもパインができるんだね」、「パインは果物の王様だね」、「台湾で食べたパインの味がするね、懐かしいね」と言いながら食べたそうですが、すでに松次さんはパイン栽培を東村全体で生産することで村を復興したいと決意していたようでした。

そもそも、松次さんは軍隊で台湾に滞在した時に、東村にいる母親に台湾産のパイン缶詰を送ったことがあり、当時滅多に見ることのできない貴重な缶詰を口にした母親は非常に感激し、大変喜ばれたそうです。台湾で製糖会社に勤めていたミヱ子さんの父親もパインが一番の好物で、「パインは果物の王様だ」が口癖だったそうです。そうした記憶もあって、松次さんは沖縄でパインを始めてみようと決心したのでしょう。

そして、松次さんはミヱ子さんに「五年だけ」と言い、福岡の新居も売却して二人は東村に移りました。しかしながら、その約束を松次さんは忘れてしまい、結局はその後福岡に戻ることはありませんでした。

東村への帰郷とパイン栽培の開始――台湾人による技術指導

一九五六年に東村に帰郷した松次さんは、本部町でパインの苗を買い、それらを馬車で東村に持ち帰り、東村に残っていた兄弟二人と一緒に「宮里三兄弟」でパイン栽培を開始させます。その際、力を貸してくれたのが台湾の人でした。石垣島に移住してパイン栽培を営んでいた台湾人で、松次さんの台湾時代の元部下であった李添忠《りてんちゅう》さんを東村に招いて、栽培方法を一から指導してもらい、技術を教えてもらったのです。

米軍からのクリスマスプレゼント

他方、パイン畑の造成には、米軍の援助も忘れることができないとミヱ子さんは言います。パイン生産の拡大には山を切り開く必要がありましたが、オノやクワでは到底歯が立たず、ブルドーザーが必要でした。そこで、松次さんが米軍に援助を申し入れたところ、米軍側は快く重機を無償で払い下げてくれたそうです。

また、米軍は東村の各家庭に対して、メリケン粉、粉ミルク、トウモロコシの粉、油など、たくさん配給してくれたそうです。クリスマスになると村にプレゼントを届けてくれたり、夕食に招待してくれたりしたそうで、これらのことは、今でも忘れられないとミヱ子さんは言います。

もちろん、最初からすべてが順調だったわけではありませんでした。農民がお金を借りられるように、それまで東村にはなかった農協も苦労して立ち上げました。また、動物による被害（食害）も想定外でした。パインの苗を一万本植えても、山から下りて食い荒らしに来るイノシシだけでなく、カラス、小鳥、ネズミ、さらにはカブトムシやクワガタムシにもやられてしまい、半分ほどしか残らなかったそうです。

ミヱ子さんも、東村農協婦人部の部長を務め、生産と生活の向上に尽力する他方、農作業に従事し、重いパインを担いで運搬しました。そのような重労働の結果、足の半月板が化膿してしまい、東京の慶応義塾大学病院まで行って手術しました。そうした農作業の後遺症もあり、ミヱ子さんの足は今でも調子が良くありません。

東村助役から村長へ――パイン栽培への道を切り開いた宮里松次さん

やがて、様々な困難を乗り越え、パイン栽培が軌道に乗り、一九五九年には東村と大宜味村が共同でパイン工場（大東パイン）を設立するなど、村の住民は収入が増え、雇用が拡大し、村全体が豊かになっていきました。松次さんは一九五八年から東村の助役となり、村に電気・水道・電話を導入するなど、村の近代化に大きく貢献していきましたが、その松次さんが初めて東村の村長に就任したのは一九六二年のことでした。

宮里村長は、パイン畑に適した土地（村有林）を村民に払い下げ、パイン生産の拡大させていきました。当初は、林業不振により村民の生活が圧迫されているなかにあっても、従来の林業中心の産業構造を変化させることへの恐れや、「先祖伝来の土地を守るべき」といった理由により、村の長老から反対を受けたそうです。しかしながら、宮里村長は、「東村の農民は、自分の土地がないために貧しい生活を余儀なくされている」と周囲を説得して、土地を村民に払い下げました。このことが、東村がパインで豊かになるための土台となったのであり、時宜にかなった、きわめて重要な決断と行動でした。

その後、松次さんは村長を何度か務めましたが、途中で務めた琉球政府農林局長時代には台湾への農業視察も行い、後に造成するつつじ園のために、つつじの苗やさし木の技術を台湾への視察で習得しました（「村民の森つつじ園」は、一九七六年に再び東村長に就任した後に造成）。当時の沖

「村民の森つつじ園」造成風景

完成した「村民の森つつじ園」

村長４期目の宮里松次さん（１９８３年）

縄にはなかったマンゴーや、レモン、トックリ椰子も台湾から持ち帰ったのでした。

新たなやんばるのアイデンティティとなったパインと宮里夫妻の台湾経験

松次さんは東村にある「花見橋」（はなみばし：つつじの花を見る前に通る橋）と「要橋」（かなめばし：交通の要所として道と道をつなぐ橋）も名づけました。その花見橋には大きなパイン像が載っていることからも、いかに東村がパインの村としてのアイデンティティを有しているかがわかるかと思います。

大きなパイン像が上に載る東村の花見橋

今では、東村でパインの品種改良を続け、一箱五千円以上もする高級パインを生産するパイン農家の方も、東村にパインを導入してくれたことに対し、かつて松次さんのところにお礼に来られていたそうです。松次さんは、親戚関係にもある東村出身の実業家の宮城林太郎さんに誘われ、名護パイン園に共同出資もしました。名護パイン園に並んでいたのは東村のパインであり、東村のパインなくして名護パイン園は始まらなかったのです。換言すれば、名護と東村をまたぐ「やんばる」地域のアイデンティティの一つはパインによって形成された、ともいえるでしょう。そうした功績の背景には、宮里夫妻が出会った、台湾での滞在経験が大きく影響していたのです。

ミヱ子さんは、東村のパイン産業が発展したのも「台湾の人のおかげ」とはっきり述べていました。[17] このように、やんばるを代表するパインとつつじ園は、宮里村長の台湾経験を土台にし、また当時の台湾での観光資源とその活用方法が参考とされていたのでした。こうした事実は、あまり知られることはありませんでしたが、沖縄の農業や観光における発展の土台に台湾の存在があったことは広く知られるべきことでしょう。[18]

（17）　同右。
（18）　宮里夫婦の歩みと東村パイン栽培の詳細については、以下の宮里ミヱ子さんの自叙伝を参照のこと。宮里ミヱ子『東風《こち》に吹かれて―松次と歩んだ五二年』文進印刷、二〇一一年。

台湾を失ったからこその「日本一」

沖縄・やんばる地域産業史、そして観光発展史が台湾と密接な関係性のうえで成り立ってきたことはやんばる地域史の理解においてもきわめて重要な点であるといえますが、ここでもう一つ指摘しておくべき重要な点があります。それは、日本が台湾を失ったことにより、パインの生産において本土復帰後の沖縄が「日本一」の称号を得ることができるようになったという点です。

台湾を喪失し、日本に連なっていた台湾の存在を忘れることによって実現化された沖縄の「日本一」。もし日本が台湾を領有し続けていたら、沖縄が得ることができなかったあらゆる「日本一」──地理上の「日本最南端」の称号も含め──台湾が日本ではなくなったことによって、その後の沖縄が「日本一」を名乗ることが可能になったのであり、これはパインに限らず、マンゴー等の亜熱帯果樹等の生産においても同様でした。

日本が敗戦でかつての「外地」を失い、戦後の縮小された日本の版図のなかでこそ、沖縄が「日本一」の称号を獲得できるようになったという点は、例えば一九五五年に刊行された社団法人琉球農林協会編『戦後農林水産業十年の歩み』でも、次のように記述されています。(下線は引用者)

パインアップルは、熱帯作物として沖縄の風土に適し戦前(一九四〇年)一〇町余、八万三四〇〇斤余生産していた。今次大戦により台湾を失った現在、沖縄は日本にとって近い供給源としてクローズアップされ年々増殖を見るようになり現在（一九五四年）二五町歩六五万三五〇〇斤を生産している。[19]

また、同様の記述は、一九五七年の『琉球要覧』にも見ることができます。

台湾が日本から分離したために戦前において、日本が台湾に求めていた農作物が琉球に栽培できるところから、琉球の亜熱帯気象を利用して、特用作物［パイン、バナナ、パパイヤ、ラミー、ハッカ、イ莚、茶、葉煙草、落花生、養蚕、蔬菜等］の栽培がいちじるしく増加し、特にパイン栽培については本格的に事業化しつつある。[20]

ここで示されているように、沖縄にとっての台湾とは、農業における生産と実績では比肩しようのない存在でした。もし、台湾が日本の版図であり続けたとすれば、そもそもパイナップルが沖縄を代表するような存在にも、その後「日本一のパイン村」となる東村が「日本一」の称号を名乗ることもできなかったといえます。しかしながら、「今次大戦により台湾を失った」ことにより――実際の「日本一」称号の獲得は一九七二年の「本土復帰」後を待たなくてはならなかったとはいえ

（19）社団法人琉球農林協会編『戦後農林水産業十年の歩み』社団法人琉球農林協会、一九五五年、二九頁。
（20）琉球政府行政主席官房情報課編『琉球要覧』琉球政府、一九五七年、二二〇頁。

──沖縄にとって台湾が外国となったことは、日本という国家の広がりのなかで自己の独自性を打ち出すことを可能とさせたのでした。

自己同一化と〝われわれ〟文化への変質

国際文化論という分野では、外来の文化との接触後、外来文化がその土地に定着していく過程をいくつかのパターンに分類し、在地の文化（生きるための工夫）によって元の文化が変容する過程を「文化触変」として捉えます。[21] 沖縄におけるパイン（そして水牛）の受容も、この文化触変の一事例として見ることができます。

早くにパインが台湾人入植者によって持ち込まれた八重山では、当時の台湾人が同じ日本国籍を有していたとはいえ、彼らは明らかに異なる言語を母語とする〝他者〟でした。しかも、農業技術において石垣よりも圧倒的に先進地であった台湾からパインという農産物が持ち込まれたことは脅威でした。そうしたパインの存在に加えて、労働者と水牛という農耕用家畜の移入は、現地・石垣住民の雇用機会を奪いかねないとの危機感を生み、激しい抵抗・排斥運動が起こりました。

激しい排斥運動があったものの、その後、パインのみならず、水牛も地元民に受容されることとなります。周知の通り、パインが当地を代表するシンボルとして認知されるよりも、むしろ水牛の方がスローライフイメージで観光客を魅了するという、〝八重山〟を代表するシンボルになります。

それは、農業家畜から観光資源への変容といえるでしょう。

東村においても、パイン栽培のために村有林を村民に払い下げようと主張する松次さんに対して、ご先祖さまから継承してきた土地を守るべき、という長老による反発が起こりました。とはいえ、「他者」ではなく同じ村民によって持ち込まれたこと、そもそも山依存の生活から脱却し、換金作物を導入する必要性があったことから、ひとたび大規模導入が決定されると、パインは村民を貧しさから救う「命の作物」として、村のアイデンティティとなるまでにいたりました。また、土地の払い下げとパインの導入は、伝統的に長男にしか継承が許されてこなかった土地の所有を次男や三男などにも可能にしたことで、新たな競争原理に基づく秩序の変容と活気を村にもたらしました。これら一連の過程は、文化触変論における抵抗と受容のプロセスとして理解することができるものです。

ただし、その後の変化について注目に値するのは、外来の存在であったものの外来性の意識を喪失し、〝われわれ〟のものとして利用・活用することとなるその忘却と自己同一化にあります。外来の存在は、新たな土地に定着するとその外来性を失い（忘却され）、〝われわれ〟のものとして利用・活用されていきますが、この「忘却と自己同一化」の現象は、地球上のあらゆる土地・社会で確認できるものです。外来の食文化（調理品）の越境と定着については、その由来が明確に意識可能であるため、見る者にとって識別がきわめて容易です。宇都宮・浜松・福島の餃子、盛岡・別府の冷麺、全国各地のご当地ラーメンなどは、満州や朝鮮半島といった旧「外地」からの引揚者によ

（21）平野健一郎『国際文化論』東京大学出版会、二〇〇〇年。

って普及しましたが、地元にとっても外からの観光客に対するアピールできる重要な観光資源の一つとして積極的に売り出されたことによって、地元が全国に誇る名産として広く知られることとなりました。

他方、民族的標識や発祥地のイメージ化が困難なものは、自己同一化が容易であり、由来が忘却されて〝われわれ〟文化に変質していくこととなります。これらには動植物や農作物などがありますが、沖縄県内の例としては、沖縄県花デイゴ〈梯梧〉（インド原産で、中国福建省から伝わったとされる）を挙げることができるでしょう。

動植物や農作物など、民族的標識のイメージ化が困難であるものについては、その自己同一化が容易であるといえますが、いずれにせよ、由来や起源をたどることで、文化が伝播し、共有されることとなった歴史の掘り起こし――〝われわれ文化〟としての把握に終わらせず、歴史的な導入の経緯を知ることで〝われわれのものになった文化〟として理解すること――ができれば、お互いを必要とし、大事に思う共通意識の醸成につながるのではないでしょうか。

むすびにかえて

以上、第一部では、「花と水とパインの村」をキャッチコピーとする東村のパイン（そしてつつじ園）にみる台湾のつながりから、沖縄・やんばると台湾についてみてきました。

特産品やイメージシンボルは在来のものというより、外来のものであることが多いことや、名産品や地域シンボルの多くが「越境」によって生まれた（特に、植民地などの旧外地への人の移動という、加害責任が伴う「影としての移動の歴史」によってもたらされた）という把握はきわめて重要ですが、ここで一つ、筆者が提唱したいことがあります。それは、別に何も新しいことではありませんが、「文化の共有化とつながりの記憶を継承すること」の提案です。

由来や起源をたどることで、文化が伝播し、共有されることとなった歴史の掘り起こしを通じて共通意識が醸成されることは先述しました。それに加えて、あえて〝われわれ〟文化としての共通の所有と主張を許容することを通じて相互互恵的な文化関係を構築するのです。本章で扱ったパインを例に考えた場合、受容（または借用）から定着を経た、台湾から導入されたそうした歴史的な由来を知ることは、「互恵と謝意の世代的継承」を可能にするものです。それは、言い換えれば、自己と他者との間の「助け合い／お互いさま」と「ありがとう」の気持ちを、世代をこえて語り継いでいく、ということです。

このことについては、例えば、先に紹介した名桜大学での『はるかなるオンライ山』地域上映会での映画鑑賞後に学生が書いてくれた感想を一部抜粋してみてみたいと思います。

　私は沖縄で生まれ育ち、パインや水牛が沖縄独自の文化による観光の一つとしてあるのが当たりまえだと思っていたので、台湾とこんなにも大きな関りがあるとは思っておらず、驚きでした。沖縄という一方向からだけでなく、台湾の時代背景も踏まえたうえで、双方向の立場から現在の状況をみることの大切さを、身をもって体験することができた気持ちがしました。

これらの感想は映画を通して得られた学びを肯定的に捉えたものといえます。ですが、感想のなかには、「われわれ」のものでなかったことへのショックも正直に書かれているものもありました。

映画を観たことで、自分の身の周りのことについてもっと目を向けていこうと思いました。身近にパインや水牛がいる中で、それが台湾から来たと知らず少しショックを受けました。まずは自分の周りから学んでいこうと思いました。

「自身のもの」と自負していた存在の由来が実は他にあったことを知るのは、確かにショックとして感じる部分も少なくなかったはずでしょう。

しかし、よく考えれば、沖縄銘菓のちんすこう（金楚糕）にしろ、シーサー（石獅子）にしろ、ハーリー（爬竜）船にしろ、シーミー（清明節）のウチカビ（紙銭）にしろ、その起源は沖縄の外（中国）から持ち込まれた文化です。そのように考えると、さまざまな起源を知り、私たちが他者とつながっているということ、他者との関係性によってわれわれが豊かにされているということの気づきを得ることは、そうしたショックが否定的ではなく、肯定的なショックと他者理解の喜びに変えてくれるものとの認識になることでしょう。そのような気づきは、次の学生の感想によく表れていると思います。

今や沖縄の代表的な食べ物であるパインの生産に台湾の人々がかかわっていることを映画を通して初めて知ることができた。何も知らずに「沖縄のパインだ！」とか言ってるのではなくて、台湾の人々の努力があって今の沖縄があることを自覚し、感謝の気持ちをもって、台湾の人々あってこその「沖縄のパインだ！」と言えるようにしたいなと思った。

この感想からは、身近なところから、切り離すことのできない沖縄―台湾の関係性の深さを学生が知ることになったことが伝わってきます。沖縄―台湾間の人の移動によって構築されてきた、国境を越えたつながりとその意義について確実な学びを得たこと、何より、「台湾の人々の努力があって今の沖縄があることを自覚し、感謝の気持ちをもって、台湾の人々あってこその『沖縄のパインだ！』と言えるようにしたい」というコメントからは、「互恵と謝意の世代的継承」の重要性を強く意識することとなったことがわかります。若い世代への「互恵と謝意の世代的継承」は、沖縄の今後の発展を創造していくうえでも、きわめて重要なサイクルになってくると筆者は強く感じています。

われわれは自国（や地域）の力や資源だけで発展を遂げてきたのではなく、そこには必ず外国（や外の地域）とのつながりがあります。宮里ミヱ子さんは、「台湾に住んでいたからこそ、パインのおいしさを知っていた」と言います。亜熱帯に属する沖縄と台湾（南は熱帯）だからこそ、この二地域ではパインが栽培可能だったのであり、日本本土では栽培できないパインだからこそ、パインでもって東村が豊かになれることを確信したのだそうです。

やんばる・東村がパイン産業で発展する基盤を築くことができたのも、「台湾の人のおかげ」とミヱ子さんは述べられていました。しかしながら、東村のパインに台湾とつながりがあったことについてはこれまで「あまり知られていなかった」というのが現状です(22)。

そのようなつながりの記憶を、当事者であった第一世代だけの記憶に終わらせるのではなく、次世代に継承することで、お互いが助け合い、何かあっても「お互いさま」と「ありがとう」が言える間柄であれば、沖縄・やんばると台湾との関係は何物にも代えがたい関係となっていくのではないでしょうか。

（22）『琉球新報』二〇一七年一二月一一日、一面。

第二部

やんばる・人形劇・台湾
――名護・屋我地島から新たな沖縄文化を発信する桑江純子――

はじめに

やんばるが外に向けて誇れるものは数多くあります。前章で紹介したパインもそうですし、全国的知名度を誇る「ヤンバルクイナ」はその筆頭にあげられるに違いありません。最近では、二〇一六年に制定された「やんばる国立公園」もあるでしょう。また、ソーキそば発祥の地ともいわれるように、美食でも多くの観光客をひきつけて止みません。

ところで、芸能に目を向けたとき、やんばるが誇るものとして、「沖縄唯一の劇団」の存在があります。それが、沖縄でただ一つの人形劇団である「かじまやぁ」の存在です。

「かじまやぁ」(桑江純子代表)は一九七四年に設立され、沖縄県内で唯一活動している人形劇団です。創設者の桑江純子さんは名護市出身で、現在は名護市北部に位置する屋我地島に住み、画家であるご主人の桑江良健さんと一緒に、夫妻の芸術活動の拠点であると同時に発信地である「かじまやぁ美術館」を運営されています。

「かじまやぁ」は、夫の良健さんの協力はあるものの、事実上は「一人だけの人形劇団」としても個性的な存在であるといえますが、これまで沖縄タイムス芸術選賞・奨励賞、日本生命財団NC賞、沖縄タイムス芸術選賞・大賞、名護市社会教育功労賞を受賞され、また、二〇一六年には第五六回久留島武彦文化賞という、日本の児童文化の発展に貢献した人物に対して贈られる非常に栄誉ある賞も受賞されています。

2017年に名桜大学で講演する桑江純子さん
（かじまやぁ代表）

その「かじまやぁ」代表を務める桑江純子さんが台湾と深く結びつくことになったのは、一九八四年のことです。桑江さんは台湾の伝統人形劇である布袋戯（中国標準語でプータイシー、台湾語ではポォテエヒィ、「掌中戯」ともいわれる）の劇団に修行することになります。弟子入りしたのは、西螺《せいら》新興《しんこう》閣《かく》掌中《しょうちゅう》劇団《げきだん》の五代目・鍾任壁《しょうにんぺき》さんです。

桑江さんは、鍾師匠のことを「尊敬できる一生の師」として仰いでおり、その絆の強さは家族同然ともいえます。その後、桑江さんは台湾で学んだ技術に沖縄独自の文化を加えて、台湾の布袋戯を「新しい沖縄の人形劇文化」として進化させることになり、そうした貢献が評価されて数々の賞を受賞するにいたりました。

次に、この第二部では、桑江さんと人形劇を通じてみることのできる「やんばると台湾のつながり」についてみていくことにしましょう(1)。

（1）劇団「かじまやぁ」の歩みについては、名桜大学名誉教授の中村誠司によってまとめられた以下の史料が参考になる。中村誠司編『人形劇団かじまやぁ―一八年のあゆみ』（私家版）一九九二年。中村誠司編『おきなわ人形劇を生きる―人形劇団かじまやぁ創立二五周年』（私家版）一九九九年。

高校生のころの桑江さん

やんばる・名護に生まれた桑江純子さん

桑江純子さんは旧姓を島袋といい、一九五一年にやんばる・名護市屋部（当時は国頭郡屋部村）に生まれました（これ以降は、旧姓を用いずに桑江純子さんで統一して表記します）。屋部は昔から南米・アルゼンチンへの移住が多い地域で、桑江さんの親戚も移住した者が多かったといいます。そのため、高校を卒業したら桑江さんもアルゼンチンに移住することを本気で考えたりしたようですが、高校卒業後はひとまず沖縄県内で進学することになりました。

桑江さんが進学したのは沖縄キリスト教短期大学で、保育科に進みました。一九七三年二月に同短大を卒業した桑江さんですが、児童劇団に関わられていた本土の方と知り合い、劇団を立ち上げることを決意します。そして、短大卒業からちょうど一年後の一九七四年二月に人形劇団「かじまやぁ」（風車）を立ち上げました。

人形劇を始めることとなった主な理由は、沖縄キリスト教短期大学の保育科に在学した際に、沖縄の文化に危機を感じたことがきっかけでした。いかなる国でも、都市部に比べると地方の文化・教育インフラは十全とはいえませんが、戦後三〇年を経た当時の沖縄においてはなおさら、沖縄の児童文化をめぐる状況はお世辞にも恵まれたものであったとはいえませんでした。「沖縄は児童文化不毛の地」(2)といわれるなか、とりわけ、戦前から県内で推進されていた「共通語励行《れいこう》」の徹底によって、子どもたちの世代では地元の言語が失われようとしていたことに危惧を覚えていたそうです。そうしたなか、桑江さんは人形劇という方法でもって、子どもたちに沖縄の文化に自信をもってほしいこと、沖縄の言葉にはすばらしい価値があることを伝えたかったのです。

ところが、人形劇団を始めた桑江さんに対するご家族、特にお父さんからの風当たりは非常に強いものでした。「芝居師（役者）」のことを、「芝居しー」と語尾を伸ばして言うと軽蔑を含めた意味になるそうですが、その桑江さんも、「せっかく大学を出たのに芝居しーになるとはなんだ！」とお父さんの逆鱗に触れ、とうとう勘当されてしまいました。

ですが、桑江さんも負けてはいませんでした。そもそも、桑江さんは親の言いなりにはなりたくないという負けん気旺盛な性格であったことから、むしろ、自分のやりたいことができると、「スッキリした」そうです。その後、親から勘当されて人形劇団を始めたので、自活していくためにありとあらゆるアルバイトを経験しました。親から勘当されても自分のやりたいこと――人形劇で沖縄文化のすばらしさや「うちなーぐち」（総称して「しまくとぅば」とも呼ばれます）を伝えたい――を信じて、未来に向かって突き進む、こうした意思の強さがあったからこそ、桑江さんは今でも一人の人形劇団で初心を貫きながら頑張ることができるのでしょう。

（2）森口豁「あたたかい風を！」中村編、前掲書『人形劇団かじまやぁ―一八年のあゆみ』八頁。

本土の人形劇に覚えた違和感

台湾に行く以前、桑江さんは本土にも出かけていき、他の種類の人形劇も試してみました。本土には、「文楽《ぶんらく》」という人形劇があります。文楽は、三人で一体の人形を操作します。これは、多くの人手が必要な、いわば「高級」な人形劇でした。当時、劇団員の獲得が困難をきわめ、将来的に一人だけの劇団として運営していく可能性も検討していたことから、文楽の採用は非現実的でした。他方、東京の八王子には「車人形」という人形劇があり、これは一人で一体の人形を操ることができるものです。桑江さんはそこにも一カ月ほど修行に行ったものの、しかし、「文化的に合わない」と感じたそうです。その理由について、桑江さんは次のように説明していました[3]。

基礎が、日舞《にちぶ》［日本舞踊］であったり、長唄などの日本の唄をちゃんとマスターしていないとできないんです。沖縄の人形だったら、カチャーシーができれば、それで躍らせればいいけれど…。日舞というのは、［沖縄の文化で育っている私の体が］生理的に受け付けなかったんです。

桑江さんは、「これは文化の違いだ」と説明します。これら本土の人形劇は、日舞が好きでないと難しいことに加えて、重い人形を操る必要があるため、筋力を必要とするこの人形劇が「男の仕事」だったということを思い知らされたそうです。

棒使いなどの人形も使ったりしたものの、最終的には指人形に落ち着くことになりました。その最大の理由は、「一人でできるから」だったそうです。通常の人形劇であれば、もし十名の登場人物がいれば、十名の操る人間がいないといけない。とはいえ、劇団員がいたとしても、それらの劇団員がずっと活動を一緒に続けてくれる保証はどこにもありません。かつて「かじまやぁ」に在籍していたメンバーも、仕事や結婚、引っ越しなどの理由で辞めていったりしました。団員の入れ替わりが激しいと、その都度一から指導をし直さなければならず、代表として劇団をまとめる責任を一人で背負う桑江さん自身が疲れてしまったのだそうです。その結果、たどり着いた答えが指人形だったのです。

このように、台湾で人形劇を観るまでに、日本でもプロの劇団を十カ所ほど各地で探したりしたそうですが、文化の違いなどを感じて、十周年の節目にもう止めよう、と思っていました。そこで出会ったのが、台湾の人形劇だったのです。

(3) 以下、桑江さんのインタビュー記録は、二〇一七年一〇月二五日に名護市屋我地島の「かじまやぁ美術館」にて実施したものである。

台湾の人形劇との出会い

桑江さんは本土にも赴き、本土の人形劇を試してみました。しかし、どうも肌に合わずに沖縄に戻ってきました。ところが、台湾へ行き、台湾の文化に現地で初めて触れた時に感じた印象は、そうした本土で感じた違和感とは真逆のものだったと桑江さんは振り返ります。

台湾では、お葬式でもパレードでも激しく銅鑼が鳴る。そうした現地の文化を「自分の文化として体が受け付けていた」そうで、「やはり中国文化の血が入っているんだ」とも思ったそうです。県外から来ていた人は、そうした銅鑼や笛の音に「うるさいねー」と言っていたそうですが、桑江さんは、「うるさくないよ、面白いし、元気が出る！」と言い返したそうで、中国文化に対しても、これくらい本土と沖縄では違う感覚なのかと思ったそうです。

だから、台湾のものがすっと入ってきたんです。人形劇の、音も何もかもが。文化もそうですけどね、食べ物から何でも。私はやっぱりここに来るべきだったんだなー、って。

桑江さんにとって、台湾の人形劇との最初の出会いは、かじまやぁを結成して五年が過ぎたころでした。国際児童年の一九七九年に、日本初の国際人形劇フェスティバルである「アジア太平洋人形劇祭典」というイベントが東京で開催されることとなったので、劇団員と一緒に足を運んだそうです。その時に目にしたのが、台湾の影絵だったそうです。

他の人から、「台湾の影絵面白いよー」と言われていたものの、その時の桑江さんは、「どうせ影絵だろう」と、正直小ばかにしていたそうです。しかし、桑江さんが非常に尊敬する方から、「純子さん、ただの影絵じゃないよ、日本の影絵と真逆で面白いよ！　スピード感があるから見てごらん」と言われ、「あの方がそう言うんだったら」と思って観に行ったそうです。

すると、「どうせ影絵だろう」と軽く見ていたのに、影絵の孫悟空がスピーディーに動き、宙に舞うその姿を目の当たりにして、「台湾の人形劇ってこんなに面白いの⁉」とビックリして、その魅力に取りつかれてしまったそうです。日本有数の人形劇団であるひとみ座（「ひょっこりひょうたん島」でも有名）を主宰する宇野小四郎さんからも、「純子さん、台湾面白いから行ってごらん、台湾の人形劇は面白いよ」と勧められたことから、桑江さん主催による「台湾人形劇を観る旅」というツアーを一九八一年に企画したそうです。そこで布袋戯と衝撃の出会いを果たし、桑江さんはたちまち布袋戯の虜になりました。

ただ、帰国後、劇団員の入れ替わりが激しく、「かじまやぁ」は解散寸前となってしまいます。なんとか十周年公演を終えた桑江さんは、再度の台湾行きを決心します。最後に、布袋戯を観て今後を決めたい――そう思い、一九八四年に二度目の台湾ツアーを主催します。そして、出発前に、台湾を代表する人形劇師五名のリストをもらって台湾に行きましたが、台湾に到着したその日のうちに会うことができた方が、後に弟子入りすることとなる鍾任壁さんだったのでした。

台湾の人形劇のこと

そもそも、「人形使いというのは、ヤマトでも『河原乞食』と呼ばれて、大変に辛い思いをしてきた」と桑江さんは言います。かつての台湾には村には村専属の劇団があり、例えば一〇〇メートルごとに劇団があり、全島には五〇〇から六〇〇の団体があったとのことで、「台湾の文化はすごい」と感じたそうです。けれども、台湾でも人形劇に対する尊厳が昔からあったかというと、必ずしもそうではなかった、と桑江さんは言います。日本統治下台湾においても、一九三七年に日中戦争が始まり、皇民化運動が展開をみると、人形劇も日本語を使うことが強制され、水戸黄門、猿飛佐助、宮本武蔵といった題材で、台本も検閲を受けることとなりました。

戦後、台湾では日本の統治が終わり、中華民国の一省に組み込まれます。とはいえ、「祖国」中国に戻った後も、状況が好転したとは必ずしもいえませんでした。一つには、台湾の人たちも、孔《こう》子《し》や媽祖《まそ》のお祭りがあれば、廟《びょう》の前で奉納する芸能としての文化ではあった人形劇は、そもそも大人が鑑賞のためにしっかりとお金を払ってまで観る芸能という認識ではなかったそうです。

お寺が呼んだり、お金持ちが新築祝いとして奉納するなど、バックにスポンサーがいて、人々が無料で観られるものが人形芝居でした。しかし、二〇世紀に入り、映画という娯楽が普及してしまったことでお客さんが奪われてしまいます。それだけでなく、台湾でも一九六〇年代からテレビ放送が始まったことで、映画だけでなくテレビにもお客を取られてしまいました。

ただ、この点については、すべてマイナスの側面ばかりというわけではなく、テレビという新しいお茶の間の媒体を通して、テレビ人形劇というものがヒットすることになったことは、人形劇の空間的なひろがりと大衆化という点で貢献した側面は否定できません。

ただし、無料で視聴できるテレビ人形劇に草の根の人形劇団がお客を取られてしまったことは、映画に続き、テレビによっても劇団が淘汰される結果を生んだことには変わりはありませんでした。

また、中国の中心とされる中原《ちゅうげん》文化に対して、台湾の在地の地方文化が一段低く見られていた（日本でいえば、東京や大阪の言語に対して東北の言語が田舎くさい、野暮ったいとみられるような感じといえばわかりやすいでしょうか）時期が戦後長く続いたことも衰退の一つの要因と考えられています。

ですが、その後、桑江さんが台湾で修行した一九八〇年代を境として、地方文化の一つである布袋戯は見直されることとなります。特に一九八八年から台湾人初の総統となった李登輝総統の下で台湾文化の〝復権〟といった動きが進むと、国立台湾大学や国立政治大学といった最高峰の大学に、台湾文化の復興を目的として人形劇団のサークルができていき、鍾師匠も指導に行かれたそうです。

鍾師匠との出会い――鍾任壁さんと新興閣拿中劇団

かつて人形劇団「かじまやぁ」では、劇団員の離散などもあり、桑江さんは「十周年になったら

台湾の人間国宝・鍾任壁師匠

劇団を解散する」、とまで宣言していました。十周年公演が無事終了した後、桑江さんは、「資金が少し残ったから、皆で台湾に人形劇を観に行こう」と言い、最後に残った資金で劇団メンバーと台湾旅行に行きました。それが、先述した桑江さんが一九八四年に主催した、二度目の訪台ツアーでした。桑江さんは、「ちょうど海神である媽祖の人形劇のお祭りが盛んにやられているから、それを観ながら台湾の名人たちを訪ねよう」と言い、台湾の人形劇名人五名の名前と連絡先を持って台湾へ行きましたが、その一人がその後の師匠さんとなった先生だったのです。

その桑江さんのお師匠さんの名前は、鍾任壁《しょうにんぺき》さんといいます。[4] 鍾師匠の家は代々人形劇師を家業としてきており、鍾師匠で第五代目になります。もともとは中国大陸からの移民であるため、祖先が台湾に移民してくる前にさかのぼって数え上げれば、十何代目にもなるそうです。布袋戯は本来中国南部の芸能ですが、中国からの移民が台湾に持ち込んでから独自の変化を遂げ、なかでも雲林県が有名とされています。一例としては、同県に設置された雲林県立文化センターには、台湾各地方の特色を展示する目的で「台湾寺廟芸術館」という地方特色文化館が設けられましたが、そのなかで、人形劇は寺廟で神様に奉納する芸能として、「寺廟芸術」の一つとして位置づけられています。

伝統的に、台湾の人形劇の芸は嫡子《ちゃくし》が継承してきましたが、鍾師匠のところでは、現在は三男の息子さんが第六代目を継いでいるそうです。「あんなにすごい人はもう絶対に生まれてこない」と桑江さんが言うほど、鍾師匠はすばらしい技術を持った方だそうです。それは、鍾師匠が一九九一年に人間国宝の認定を受けただけでなく、二〇一六年には、台湾における文化勲章に相当する「三等景星勲章」を受章したことにあらわれており、人形使いの芸術家としては最高の名誉を獲得されています。

鍾師匠に弟子入り（一九八四年）

ところで、台湾への「女子旅」が人気となっている昨今ではあまり考えられないことですが、かつての台湾は、「男性天国」と呼ばれていた時代がありました。桑江さんが鍾師匠に弟子入りした当時も、台湾では日本人男性が台湾に女性を求めにいく「買春ツアー」が盛んな時期でした。そのため、桑江さんが「台湾に行く」というと、周囲から「台湾に女が何しに行くの？」と言われることもあったそうです。

ですが、そうした偏見をはねのけ、桑江さんは台湾で弟子入りをして修行しました。一方、台湾に修行に出向いた当時は現地マスコミからも、「女性が台湾の人形劇団に弟子入り、しかもわざわざ外国から」ということで、非常に珍しがられ、多くの取材を受けたそうです。

（4） 鍾任壁さんの経歴と詳細については以下の史料に詳しい。石光生『鍾任壁布袋戲的伝承与技芸』高雄、行政院文化建設委員会文化資産総管理処籌備処、二〇〇九年。

鍾師匠と奥さまの鍾林秀さん
（1993 年）

鍾師匠と出会った時、桑江さんは「この先生だ！」と直感して、残りの四名の先生には会いに行きませんでした。ですが、弟子入りはすんなり受け入れられるものではありませんでした。そもそも、人形劇団は世襲制、男性の世界であり、女性に教えたこともない。もっと昔になると、日本の相撲と同じで、奥さんでさえ舞台には上げなかったそうです。そのため、「二週間ほど考えさせてほしい」、と言われたそうですが、気が変わってしまうと困るので、桑江さんは鍾師匠からの電話を待ちながら、その間に台湾のあちこちをうろうろしていたそうです。

そしてやっと鍾師匠からの電話が鳴りました。その時、桑江さんはこう言われたそうです。

あなたは沖縄から来た琉球の人だから。台湾と琉球は兄弟だから。

このように言われて、本来は受入れられなかったはずの、外国人の女性である桑江さんの弟子入りを鍾師匠は受け入れてくれたそうです。

日本語ができる鍾師匠は、面会に際して「いいですよ、いらっしゃい」と桑江さんのことをあたたかく歓迎してくれたそうです。ですが、弟子にするというのは子どもにすることと同じなので、そう簡単に決められることではありませんでした。しかし、そこでは、鍾師匠の奥さまである、鍾林秀さんが強く推薦してくれたことが大きな後押しとなったそうです。受け入れを躊躇《ちゅうちょ》していた鍾師匠に対して、奥さまは、「純子さんの顔には福があるから、弟子として育ててあげよう」と言ってくれたといいます。同じ女性としての心情と応援があったからこそ、桑江さんは国境や性別といった障壁を乗りこえて、鍾師匠のところに弟子入りすることができたのです。

鍾師匠との出会いと台湾への感謝

鍾師匠は、台湾が日本植民地下にあった小学校三～四年生まで日本語教育を受けており、そのため、修行中は意思疎通を不便なく行うことができたとのことです。他方、中国語ができない桑江さんにとって、日本語世代以外の方々とのコミュニケーションは容易ではありませんでした。ですが、鍾師匠のご家族は、言葉もわからない桑江さんを「純子さん、純子さん」と、宴会があるごとに呼んでくれ、親戚ぐるみで可愛がってくれたそうです。桑江さんがお酒好きだったことも幸いして、台湾式で何度も繰り返される「乾杯《ガンベイ》」（コップの酒を飲み干す）に対して、「乾杯！乾杯！」と応じ、たくさんの杯を飲み干して友好を深めることができました。

鍾師匠との出会いは運命的だったそうで、「この師匠と出会っていなかったら私はいない」、「本当に、台湾に感謝、感謝！」と桑江さんは言います。また、人形劇のすごさとは、言葉が通じない外国でも受け入れられる点にあるといいます。「人形劇は、人形自体がすごいから言葉がいらないんです」と桑江さんは言います。

前述のように、鍾師匠は馬英九が総統であった時に、人形芝居では初めて台湾の文化勲章を受章しています。そもそも、馬総統が台北市長の時に、スペインで台湾物産展を開催したものの、人が集まらずに閑古鳥が鳴いてしまい、その危機を救うために急きょ鍾師匠をスペインに呼んで人形劇を開催したところ、そうした伝統芸能が現地の人々に大評判となり最悪の事態を免れた、という経緯があったそうです。そうした功績により、国家を代表する芸術の大家として文化勲章を受けた鍾師匠の姿を、純子さんの夫で画家である桑江良健さんは、素敵な絵画に仕上げて二〇一八年に鍾師匠に直接届けてプレゼントされました。

苦労の末に習得した回転技

桑江さんは以前から、集団で劇団を運営することに困難を感じていたため、一人で何役もこなせる師匠の指人形を観て「これだ!」と思い、鍾先生のところに弟子入りしました。

弟子入りして最初に行ったのは、人形劇の神様である「田都《でんと》元帥」に参拝し、「生涯を通じて人形劇をやり通します」と誓いを立てることでした。そうして「新興閣」劇団の弟子となった桑江さんは、鍾師匠の近所に間借りをし、稽古に通いました。日々のスケジュールは、お昼前に行って基本動作を習い、昼食後は自主稽古をしました。そして、夕食は鍾師匠の体験談を聞きながら、一家

鍾師匠と桑江さん（1993年）

とともにいただき、稽古のおさらいをして終わる、というものでした。

しかし、弟子入りはしたものの、やはり技を身につけるのは至難の業でした。特に、空中回転は、師匠から何回習っても元の指に入らず、大変苦しんだといいます。台湾の家庭の床は、暑さをしのぐためにタイル張りであることがほとんどのため、そこに人形を落としてしまうと人形の表面が傷だらけとなってしまう。落とすのが怖くなり思いっきり練習ができないため、人形を落としても大丈夫なように、桑江さんはベッドの上でくる日もくる日も、幾度も幾度も練習し続けました。

度重なる練習の末、桑江さんはついに念願の空中回転の技を身につけることができるようになりました。それでも、最初のころは一回転がやっとだったそうです。投げて受け止めることはできるようになったとはいえ、鍾師匠が投げる人形と比較すると、その違いは一目瞭然だったそうです。ただ、鍾師匠はわざわざ沖縄から弟子入りして修行してくれた桑江さんに秘伝のお家芸——劇団に代々伝わる「皿回し」の芸——をプレゼントとして伝授してくれました。これは鍾師匠が息子さんにもまだ伝授していない特別な技とのことで、息子さんに伝授するのは鍾師匠が引退される時と決まっているそうです。

二〇一八年一月現在において、鍾師匠は八七歳ですが、桑江さんは、「本当に、世界中見てもこんな芸人はもう生まれないだろうな、ってくらいの人です」と絶賛しています。桑江さんのご主人にも、「一目でこの人を師匠に、と良さを見抜いて決めたところがあなたのすごいところだ」、と褒められたそうです。そうした運命の出会いに、桑江さんは「今でも感謝の念でいっぱい」と述べています。

台湾での弟子入り修行を終えてから

台湾での八カ月におよぶ修行を終え、修了証書である「結業証書」と「琉球新興閣」の劇団名をいただくことができた桑江さんが、沖縄に戻って最初に演じていたのは、「武将の虎退治」という芸でした。ところが、他の人から、「なんであなたは『かじまやぁ』って沖縄の名前の劇団で、中国や台湾の劇をやってるの?」と言われ、「名前が沖縄のものなら演じる中身も純粋な沖縄の文化であるべき」という指摘に悔しく思ったこともあったそうです。

そもそも、一九八五年から演じた「武将の虎退治」(『水滸伝《すいこでん》』)、一九九〇年からの「西遊記」では技術を習得するところから始める必要があったので、最初からいきなりうちなー風(沖縄風)にはできなかったそうです。でも、ローマは一日にして成らず。桑江さんは、まず基礎をしっかりと固め、そこから少しずつ自分のものに変えていく努力を惜しみませんでした。

最初は、一人だけでもできる「武将の虎退治」から身につけました。次に、「西遊記」の時にはご主人と結婚していたので、二人＝四本の手を使って、三蔵法師一行、人形を四体出せるようになりました。

そのようにして、少しずつレパートリーも増えていき、台湾での修行から九年が過ぎた一九九三年から、台湾の布袋戯に沖縄文化を加える試みとして「チャンプルー孫悟空」という作品を始めました。その作品から、徐々にうちなー風アレンジが加わるようになったことで、桑江さんの人形劇は「新たな沖縄文化」として花開くこととなっていきました。

名護市民会館で鍾師匠を招いての「台湾伝統人形劇名護公演」を開催（1993 年）

そのうちなー風アレンジとしては、例えば、りんけんバンドで有名な照屋林賢さんに音楽の編曲などを手がけてもらったりしました。そして、一九九六年から始めた「キジムナー」からはついに全編うちなー風になり、さらには二〇〇四年から続けている「チョンダラー」で沖縄文化としてのルーツに行きついた、と桑江さんは言います。

台湾での修行後も、桑江さんは鍾師匠とのお付き合いを大切にしてきました。弟子入りしていた際、鍾師匠夫妻は「出世払いでいいから勉強していきなさい」と言ってくれたそうです。下宿代は自分で工面したものの、食事代は師匠が持ってくれたそうです。そうした感謝の気持ちを伝えるために、鍾師匠を何回も沖縄にも招待して、招へい公演も行ってきました。「師匠への恩返しは沖縄で公演をしてもらうこと」——その一心で、桑江さんは鍾師匠の沖縄公演を続けられたそうです。
最初の沖縄公演は一九八五年のことでしたが、当時の台湾では一九四九年から敷かれ続けていた戒厳令がまだ解除されていませんでした。そのため、出国しての公演には台湾政府による審査と許可が必要だったのですが、公演の二日前になっても沖縄への渡航許可が下りませんでした。すでにチケットも売れて準備も万全な状態なのに、本当に沖縄に来て公演ができるのか、桑江さんもかなり心配したそうです。その際、当時台湾大学に留学されていた琉球大学の赤嶺守教授にお願いし、台湾側の政府関係者に説明と説得をしてもらったことでなんとか事なきを得ましたが、当初はそうした困難もありました。

鍾師匠の人形劇に魅了される名護市民

台湾「雲林国際偶戯節」（一九九九年）に日本代表として招待

桑江さんは石垣島の名蔵でも台湾移民の方々から「土地公祭」という、土地の神「土地公」を祀り、商売繁盛や無病息災を祈る行事で呼ばれて人形劇をやったことがあるように、人形劇という文化で沖縄と台湾を結ぶ役割を果たしてきました。

一九九九年三月には、台湾の雲林県で開催された国際人形劇フェスティバルである「雲林国際偶

「雲林国際偶戯節」での桑江純子さん（左）、鍾師匠（中）、桑江良健さん（右）（1999年）

戯節」（雲林県立文化センター主催）に文楽と一緒に日本代表として招待されるという栄誉も受けました。台湾で人形劇を上演した際には、現地の方から「いつか台湾の人形劇も琉球に取って代わられるのでは」という褒め言葉もいただいたそうです。

技術についても、人形の回転技が目玉といえますが、その回転技も、一九八五年からの「武将の虎退治」の時は一回転がやっとだったそうです。続く一九九〇年からの「西遊記」では、二回転三回転四回転と飛ばせるようになっていった。でも、今でも油断したら落ちてしまうのだそうで、それほど高度な技術を必要とする芸なのだそうです。

「チョンダラー」では二メートルの竜も出したり、桑江さん独自のものを生み出してきた人形劇ですが、鍾師匠は、「こんなにできる人は、男であろうが、あなたのような人は台湾にもいないよ」と言ってくれたそうです。桑江さんは六五歳になった今でも、ひとたびステージに立てば、六〇分から九〇分の公演時間のほぼすべてを一人でこなしています。

うちなーぐち／しまくとぅばの復興と人形劇

桑江さんが人形劇を始めることとなったもう一つの理由、それは前述したように、うちなーぐちの復興にとって人形劇が果たすことができる役割が大きいと感じたからです。

桑江さんの学生時代は、大学に進学するまで、うちなーぐち／方言は話さないという厳しい時代だったそうです。沖縄は、一九四五からの米軍施政下を経て、一九七二年に「本土復帰」を果たし、再び日本の一県になりましたが、米軍統治下においては、本土復帰を目指す行動の一環として「共通語励行《れいこう》」が進められていたのでした。

本土の他の都道府県とは異なるそうした沖縄の特殊な状況もあって、桑江さんはむしろ、失われつつある沖縄本来の言葉を取り戻す方法として人形劇を始めました。子どもたちは、「人形劇を通して言葉に関心を持つ」と桑江さんは言います。しかし同時に、子どもたちに言葉を取り戻させるチャンスを与えることができるのは大人側の責任であることから、大人がその言語復興の意義を理解して子どもたちにみせてあげるようにしなければいけない、と言います。それには、もっと大人の人たちが人形劇に対する理解を深め、子どもたちにみせてあげてほしい、と桑江さんは願っています。

台湾で弟子入りしていた鍾師匠のところは、子どもにもお孫さんにも、台湾の現地の言葉である台湾語を使わせており、共通語である国語（北京語）を話すところはあまり聞かなかったそうです。修行していた時に三歳か四歳くらいだった鍾師匠の一番上のお孫さんは、幼稚園では北京語であっても、家に帰ると鍾師匠に、「うちは台湾語を使って仕事をやる家系だから台湾語を使いなさい」と言われていたそうです。

人形劇の「芝居くとぅば」による言語復興を提唱

桑江さんは、しまくとぅばの復興には人形劇を活用すべきとして、次のように訴えていました。

言葉というのは小さければ小さいほど素直に入ってくるから、そういう子たちに見せることによって違ってくるから、って一生懸命言ってるんですけどね…。

しまくとぅば復興の難しさは、各地方のバリエーションがあまりに多く、統一できないことがよくいわれます。これに対して、桑江さんは、次のように言います。

私たちが習っているのは、「芝居くとぅば」っていう、もともと那覇や首里の言葉を使っていて、この「芝居くとぅば」は、離島でも通じるんです。宮古や八重山でも、自分たちのしまくとぅばもありますけど、うちなーぐちでの芝居も巡回で観てますから、だから、ある程度の年齢だとうちなーぐちも聞けるんです。だから、これなんです、共通語は。「芝居くとぅば」をうちなーぐちの共通語にすればいいんです。だから、芝居師が果たした役割はすごいんですよ。

奄美諸島にも、「那覇芝居」と呼ばれる芝居が巡回し、離島においても言葉を芝居から学んできたそうです。そうしたことから、人形劇を通じてしまくとぅばを広めることが言語復興への近道になる、と桑江さんは言います。

学校の先生方には、人形劇は保育園や幼稚園で児童が鑑賞するもの、という固定観念を持っている方もいらっしゃるようです。沖縄には人形劇の歴史が無きに等しいので、なかなか選ばれないのです。

方言による人形劇を「ぜひ学校教育で行ってほしい」と桑江さんは言います。その理由は、学校の教科に組み込まれることで、子どもたちが方言を誇りに思うから、ということです。沖縄県のしまくとぅば関連の振興予算の使い道についても、人形劇を通じて子どもたちにしまくとぅばを教えることが言語復興に最も近道だと、桑江さんはそう信じています。

キジムナーとチョンダラー（京太郎）

桑江さんは、人形劇を続けていくなかでさまざまな劇を演じてきました。やんばるとの関係を考えたとき、なかでも桑江さんが特に強い思い入れを抱いているのが「キジムナー」と「チョンダラ

キジムナー（ガジュマルの精霊）

ー」です。

キジムナーはガジュマルの精霊のことですが、この作品では、壊されていく沖縄の自然を守らなければならないことがキジムナーを介して説かれます。この作品も、桑江さんがやんばる・名護の屋我地に越してきてから、ヘドロ汚染だけでなく、山の木が伐採され続けていくことで赤土汚染によって海が赤く染まっていくのを見て、沖縄の自然環境に対する危機感を抱いたことが創作の出発点でした(5)。このままでは次世代の子どもたちに残す自然がなくなってしまうかもしれない、そうした危惧を覚えたことから、同作品には、安易な開発による環境破壊への警鐘、そして次世代のための保全の重要性がメッセージとして込められています。そして、この現代版キジムナー人形劇から、「沖縄人形劇」というネーミングが用いられることとなりました。

一方のチョンダラーは、京太郎と書きます。これは、歴史的には京都からやってきた門付《かどつけ》芸人のことで、江戸時代に村々を行脚《あんぎゃ》していた遊芸人でしたが、彼らはもともと沖縄にいた人ではありませんでした。彼らは、歌や踊りだけでなく、念仏もできるので、布教しながら興業していった集団でした。彼らは琉球王府から非常に厚遇され、チョンダラー村も作られて、そこに住まわされていたといいます。

(5)　桑江純子「人形劇団「かじまやぁ」の二五周年を語る」中村編、前掲書『おきなわ人形劇を生きる―人形劇団かじまやぁ創立二五周年』六〜七頁。

「チョンダラー」のパンフレット

そうした安定した暮らしができていた彼らでしたが、廃藩置県で仕事を失い、路頭に迷うこととなります。ですが、彼らは念仏が唱えられることから、その技能をもってお葬式の集団に入りこみ、「念仏《にんぶ》ちゃー」と呼ばれるようになったそうです。桑江さんによれば、この最後の「ちゃー」には差別的な意味合いが込められており、彼らは「お葬式の鉦《かね》叩き」として、さげすまれた存在だったそうです。

結局、彼らはそうした差別的な扱いを受けてきたがゆえに、自分たちが持っている芸能の技術を子孫に伝えようとしなかったそうです。『沖縄の人形芝居』を著した八重山の言語学者の宮良《みやら》當壮《とうそう》によれば、大正時代の初めあたりまではチョンダラーの存在が確認できるものの、その時代を最後に途絶えてしまったとみられているそうです。

また、チョンダラーたちが残念だった点は、人形劇で使用されていた肝心の人形たちがほとんど残されなかったことだといいます。こうしたことから、チョンダラー以降、沖縄における人形劇は途絶えてしまったと考えられているそうです。

しかし、沖縄市の泡瀬や、やんばるの宜野座村など、方々ではチョンダラーにまつわる、琉球音階ではない独特の芸能が残っているそうです。そうしたチョンダラーに関連する独自の芸能は、どちらかといえば念仏に近い歌として聞こえるそうです。その他にも、組踊でチョンダラーが出てきたり、琉球舞踊の高平良万歳《たかでーらまんざい》にもチョンダラーが出てきたりします。こうした琉球芸能のなかにみるチョンダラーの存在について研究されている方もいらっしゃるように、チョンダラーは沖縄の芸能に大きく貢献してきたといえます。

人形のことを沖縄では「ふとぅき」(仏)と呼び、人形芝居を「ふとぅきまーし」(仏回し:回し＝操る)、人形芝居をするチョンダラーは「ふとぅきまーさーチョンダラー」(人形使い京太郎)となるそうです。作品では、沖縄のある島が舞台とされ、竜宮の神様の大切な宝である「ぬぶしの玉」が盗まれるところから始まります。それを知った竜王は怒り、その怒りによって荒れる海と続く日照りを収めるためにチョンダラーが登場します。そこでは、離れ離れになったお母さんを探す小太郎が弟子に加わり、困り果てた島の人々を救うべく「ぬぶしの玉」を探しに行く、という内容です。現代の拝金主義への批判や、親子愛の重要性がメッセージとして込められています。人形劇の集大成として、二〇〇四年に制作された「チョンダラー」ですが、二〇一九年の劇団結成四五周年の際に一区切りつけ、国立劇場おきなわなどで五年ごとに開催してきた本作品の記念公演を終わりにする計画なのだそうです。

名護という場所へのこだわり

桑江さんは名護の屋部で生まれましたが、那覇での暮らしを経て、一九八八年から名護に戻り、屋我地島で生活されています。桑江さんにとって、やんばる・名護の魅力とは何でしょうか？　名護に対して持つこだわりについて、桑江さんは「名護がふるさとだからです」と力強く述べられていました。

もともと屋部に生まれた桑江さんは、お父さんの仕事の関係から、学校は那覇で通いましたが、そもそも桑江さんと台湾とのつながりは、お父さんが貿易商を営んでいたことに始まっていました。すでに幼稚園の頃から、高級食材である台湾のからすみ（烏魚子）を食べたりもしていたそうで、台湾のパイナップルケーキ（鳳梨酥）も、初めて食べたときは「世の中にこんなおいしいお菓子があるのか」と感動しながら口にした記憶が今でも鮮明に残っているそうです。

その後、再び名護に戻ってくることとなったのは、一九八八年にご主人の桑江良健さんと結婚してからのことで、ご主人と二人で那覇から名護に引っ越してきました。その当時、桑江さんは奄美諸島をまわる四五日間の公演旅行に出かけていました。喜界島など、奄美各地での公演を成功裏に終えて沖縄に戻る道中、やんばるの海を通過した際に乗船していた船のデッキから、陸の方をご主人と一緒に眺めていたそうです。その時、船上から、「やんばるのこういうところに住みたいね」と指差したところが、不思議なことに二人が住むこととなる名護市の屋我地島のあたりだったそうです。

「言葉は言霊《ことだま》」といいますが、その桑江さんが発した一言は現実のものとなります。桑江さん夫妻がひとたび那覇に戻るやいなや、ご主人の同級生で屋我地の方が、「屋我地に持つ土地を譲ってあげてもいいよ」と持ちかけてくれたのです。それは、桑江さんにとって、まさに「運命的なご縁」

でした。それは、「ご縁」というよりも、「運命」と呼ぶにふさわしい出来事でした。

桑江さん夫妻は借家だった那覇を離れ、屋我地島に移り住むこととなりました。そもそも、外部の人間が島に住むようになったのは、桑江さん夫婦が初めてだったそうで、島の歴史にとっても記念すべき移住第一号となりました。

屋我地に引っ越しをした桑江さんに、島の人から最初に投げかけられた質問、それは、「なぜこんな片田舎に移ってきたの?」だったそうです。その時、桑江さんの口から反射的に出てきたのは、「神様のお告げです」という言葉でした。

今の場所に住むことになったのは、神様のお告げ。とっさに言葉を返した桑江さんに、ご主人も驚いたそうですが、これはまさに神様から運命づけられた移住であったのかもしれません。

桑江さんの家の前の通りは、お墓がたくさんあったそうで、そのため「墓場通り」と呼ばれていました。お墓ばかりで皆が怖がって来ないところに、桑江さん夫妻は水道も自分たちで引いて、電気も二カ月以上通らず、ランプ一個で生活していたといいます。村の人には、「あんな怖いところによく家を建てたね」と言われましたが、「お墓というのは祖先が守ってくださる場所」だから、桑江さんはまったく怖いとは思わなかったそうです。

屋我地島にある国立療養所沖縄愛楽園

沖縄愛楽園・チョンダラー・人形劇

桑江さん夫婦が屋我地島に引っ越ししたのは一九八八年ですから、もう三〇年前のことになります。現在、屋我地島にはペンションも建ち、古宇利大橋で有名な古宇利島にも隣接していることから、観光客も多くその名を目にする場所となりました。ですが、桑江さん夫婦が移住された当時は、まだまだ屋我地という土地に対する偏見も根強かったそうです。

桑江さんのご自宅は、沖縄愛楽園《あいらくえん》に隣接しています。愛楽園というのは、ハンセン病患者のための国立療養所です。その愛楽園のそばにあるため、「あなたは病院のなかに住んでいるの？」と、施設のなかに住んでいるハンセン病の患者と勘違いする人もいたそうです。

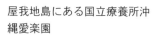

桑江さんは大学の時にボランティアで来ていたこともあったため、ハンセン病についての正確な知識を有していました。そのため、ハンセン病が怖い病気ではないことも知っていました。だからこそ、そうした心無い質問を投げかける人々を目の当たりにしたことで、正しい知識を持つことがいかに重要で大切かを改めて実感したそうです。

しかし、桑江さんは、「チョンダラーとの関係から言うと、愛楽園の患者さんとまったく関係ないわけでもない」と言います。そして、屋我地で人形劇をすることの意義を、チョンダラーに引き付けて次のように説明していました。

むしろ、こういうところに来て文化を発信する、というのがやっぱり意味があるし、深く言えば、結びつくんです。

チョンダラーというのは、差別を受けながらでも、人々に幸福をもたらす人のことを言ってたわけだから。

だから、屋我地というところには、「偏見のないところにしてほしい」っていう「これまでさげすまれてきた人々の」思いがあったから「引き寄せられて」移ってきたんじゃないかな、って。本当に、本当に。

そもそも、人形劇やチョンダラー自体に、さげすまれてきた歴史があったからこそ、拠点とする屋我地という場所についても、桑江さんにとっては単に住むためだけに居を構えている場所ではなかったのです。ハンセン病の患者さんたちが、家族から、社会から、そして世間や国家から偏見の眼にさらされて排除されてきた、そうした辛い思いと記憶に満ちた、愛楽園があるこの屋我地島だからこそ、ここに居を構えて発信する桑江さんの人形劇文化には、「精神的な強さ」と「人の心に触れるあたたかさ」があるのでしょう。

考えてみれば、台湾の布袋戯であっても、今は政府から大事にされていますが、かつて中国大陸の中原文化が大事にされていた時代は、中央の文化に対して格下に見られ、周辺化（隅に追いやられること）されていた存在でもありました。このような共通性から考えると、屋我地から、名護から、やんばるから始まり、「世の中のあらゆる偏見を無くしてほしい」、そうした声に後押しされて力を得ているのが桑江さんの人形劇である、といえるのかもしれません。

やんばるという場所の持つ力、それは、そうした弱い者や周辺化された者に寄り添い、力を与える役割を担ってきた場所であり続けてきたこと——それが、やんばるという土地に秘められた個性であるといえるのではないでしょうか。

外に出ることの大切さ

桑江さんが人形劇を通して子どもたちに学んでほしいことは、うちなーぐちだけではありません。桑江さんは、人形劇の講演の後で、「はいさい／はいたい、にーはぉ」（こんにちは）と、うちなーぐちだけでなく、中国語も子どもたちに練習させています。

それは、沖縄の文化の元には中国文化があり、これからの時代は中国や台湾といった東アジアの地域がますます発展をみせるであろうことから、人形劇を観たことで、自分のふるさとの言葉や文化にも関心を持つだけでなく、人形劇を通じて中国や台湾とのつながりを感じてほしい。そしてこうしたつながりを通して友達となり、琉球／沖縄に生まれた者としての自信を持ってほしい、という願いによります。

桑江良健「人形使いとキジムナー」

桑江さんも、台湾での修行がどれほど苦しくても、「自分のものにして沖縄に持って帰るんだ」、との強い思いがあったからこそ、辛い練習にも耐えることができたのだそうです。

かつての沖縄では、「ヤマトのものがいい、ウチナーのものはダメ」という意識が根強かったそうです。しかし、まずは沖縄の文化に自信を持つことが大事だと、桑江さんは熱を込めて言います。

「もし私たちがレベルの低い劇団だったら、本土からどんどん入ってきますよ。これくらい、私たちは［沖縄が持つ］文化を防衛しているんですよ」と桑江さんは胸を張ります。

そして、伝統芸能というのは、決して沖縄のなかだけで醸成され、また持続していくものではない、と桑江さんは言います。

もっと外に出て、もっと切磋琢磨して新しいことを創り出す。そういうことをやりなさい。二番煎じのことをするのではなく、自分でやりなさい、と私は思うんです。ただただ「伝統」に乗っかっているだけだったら、すぐ真似されて終わりますよ。

人形劇に込められた子どもたちへのもう一つのメッセージ、それは、「外に向かってほしい」という桑江さんの願いでした。外に向かって飛躍していくためにも、しっかり「自分」というものを持たないといけない。自分自身の文化や言語を身に着け、その基盤の上に外に出ていくならば、外の世界に出ていってもめげることなく、外の文化を吸収して、新しい文化を創造することができる。

桑江さんは、かつては四〇日ほどの県外での旅公演も行ったそうですが、荷物を持って移動を続けるのは体力的に難しくなってきたといいます。やはりこれからは、ぜひとも若い人に沖縄文化としての人形劇をつないでいく志を継いでほしい、桑江さんはそう切に願っています。

国境をこえた人間同士のつながり

二〇一八年は、桑江さんが名護で沖縄の新しい人形劇文化を発信することとなった記念すべき三〇周年となります。これまで桑江さんは演出と上演ばかりか、一人で宣伝活動を行い、その沖縄発の新しい人形劇文化を広めるために地道な努力を続けてきました。

桑江さんのご自宅を兼ねている「かじまやぁ美術館」には、数多くの人形が展示されています。桑江さんはそれらを指して、「これらの人形は、家が二軒、三軒建つくらいのものです」と言われていました。それら数多くの人形を収集した理由については、「なぜ集めたかというと、将来沖縄で人形劇をやる人が増えてほしい、私がいなくても、人形さえ残ったら、誰かが動かし始めるんじゃないかと思うんですよ」と述べられていました。

「台湾の人間国宝がこうした門外不出の技を伝授してくれたにもかかわらず、私一代でこの芸を終わりにしたら沖縄の恥です」と桑江さんは言います。そのため、「弟子になりたい」という若い人が出てきてさえくれれば、持っている技を精一杯伝授したいと思っているそうで、そうした意欲のある若い人が出てきてくれないかと、いつも願っているそうです。そして、海外にぜひこの台湾と沖縄の文化を融合させた人形劇を「沖縄の文化」として認めてもらい、海外公演に派遣してもらうことが、桑江さんが今一番叶えたい夢なのだそうです。

台湾との交流は、ゴルフやマラソンなどのスポーツ交流が盛んになってきており、二〇一五年には民間の交流団体として那覇日台親善協会（会長：伊藝美智子）も発足しましたが、人形劇を通した文化交流はほぼ無きに等しいといえます。台湾の領事館に相当する、台北駐日経済文化代表処那覇分処の蘇啓誠処長も、「台湾から沖縄を訪れる観光客は飛躍的に成長し、二〇一六年にはすでに六〇万人台に乗せた」のに対して、「一方、沖縄と指呼の間にある台湾を訪問する沖縄の人は、まだまだ多いとは言えない」と評されています。(6)

やんばると台湾のつながりを強めていくうえでは、やはり「台湾ファンを増やすことが大事」だと桑江さんは言います。「台湾にお世話になったので、台湾に恩返しをしたい」――桑江さんだけでな

那覇市若狭小学校での公演終了後に児童たちに人形劇を教える桑江さん（2017 年）

（6）　蘇啓誠「台沖関係飛躍の一年に―友好団体間の交流深めたい」『沖縄タイムス』二〇一八年一月二〇日、五面。

く、筆者もそうした気持ちで台湾とのつながりを強める活動に携わっています。

屋我地の「かじまやぁ美術館は、沖縄の文化をつないでいく場所としてだけでなく、台湾の文化も語らうことのできる、そうした場としていけたら」と桑江さんは言います。子どもたちが人形劇、そして台湾との関わりをもってもらうためにも、「大人に対して台湾の文化をＰＲしてほしい」――それが桑江さんの願いです。

むすびにかえて

以上、第二部では、やんばるから発信する桑江純子さんの人形劇を通じて、やんばると台湾のつながりについて見てきました。台湾への弟子入りによって、桑江さんの人形劇が新しい沖縄文化として創造されてきたこと―やんばるから見えてくる、そうした国境をこえた人間同士の付き合いとつながりは、世界各地で見ることのできる地域間の濃密な関係性が他にも数多くあることを私たちに教えてくれているといえます。文化がつなぐ地域と世界には、必ず人と人との「ありがとう」があってこそ成り立っている。桑江さんと鍾師匠の関係をみると、必ずしも外からは見えてこない、そうした精神的な絆が大切な基盤となっていると思えます。

そして何より、やんばる・名護に戻り、屋我地という愛楽園のある場所に桑江さんが導かれるようにして定住し、人形劇を広めるために奮闘してきたこと――「身分が低い」と社会からレッテルを貼られながらも人々に幸せを与えるチョンダラーの役割にしろ、「周辺」に追いやられた位置からこそ、私たちは新しい文化を生み出し、人々に未来への希望と勇気を与えることができる、そのことを私たちに伝えてくれているようにも思えます。そのように捉えると、それらの「周辺」において生み出されていくであろう新しい文化の胎動というものを、私たちはこのやんばるの地だからこそみることができる、といえるのではないでしょうか。

強い師弟愛で結ばれた鍾師匠と桑江さん（2003 年）

　世界にある多くの地域と地域は、私たちが気づいていないだけで、実は多くの「つながり」で結びついています。以前は見えなかった、そうした「つながり」を知ることは、人間の持つたくましさと他者を思う優しさが、国内という範囲だけに止まらず、むしろ国境をこえて世界的に結びつき、広がっていることを知ることであるようにも思えます。あらゆる境界をこえる、そのような強くてあたたかいつながりを、桑江さんが身をもって私たちに示してくれたように、あなたも一歩外に踏み出して、国や境界をこえた「つながり」と「ありがとう」を探しに行ってみませんか。

【参考文献】

〈書籍・論文〉


安里陽子「パインブームからとらえなおす境界」『文化／批評　Cultures/Critiques』第六号、二〇一五年二月、六四～八〇頁。

池原真一『概説・沖縄農業史』月刊沖縄社、一九七九年。

小賦肇「やんばるとゴルフ」『やんばるとスポーツ』沖縄タイムス社、二〇一七年、七九～九二頁。

北村嘉恵「パインアップル缶詰から見る台琉日関係史」『境界研究』特別号、二〇一四年三月、一三三～一三九頁。

社団法人琉球農林協会編『戦後農林水産業十年の歩み』社団法人琉球農林協会、一九五五年。

菅野敦志「元東村村長宮里松次夫人の台湾・沖縄経験―宮里ミヱ子オーラルヒストリー」『名桜大学総合研究』第二五号、二〇一六年三月、一〇七～一一九頁。

石光生『鍾任壁布袋戲的伝承与技芸』高雄、行政院文化建設委員会文化資産総管理処籌備処、二〇〇九年。

関満博編『沖縄地域産業の未来』新評論、二〇一二年。

野入直美「沖縄における台湾引揚者の特徴―引揚者在外事実調査票と県・市町村史の体験記録を中心に」蘭信三編『帝国以後の人の移動―ポストコロニアリズムとグローバリズムの交錯点』勉誠出版、二〇一三年、三〇五～三五〇頁。

平野健一郎『国際文化論』東京大学出版会、二〇〇〇年。

星名宏修「「植民地は天国だった」のか―沖縄人の台湾体験」西成彦・原毅彦編『複数の沖縄』人文書院、二〇〇三年、一六九〜一九六頁。

三木健『龍の舞い―八重山パイン物語』八重山台湾親善交流協会、二〇一四年。

宮里ミヱ子『東風に吹かれて―松次と歩んだ五二年』文進印刷、二〇一一年。

本浜秀彦「エキゾチシズムとしてのパイナップル―沖縄からの台湾表象、あるいはコロニアルな性的イメージをめぐって」西川潤・松島泰勝・本浜秀彦編『島嶼沖縄の内発的発展』藤原書店、二〇一〇年、二七二〜二九六頁。

琉球政府行政主席官房情報課編『琉球要覧』琉球政府、一九五七年。

琉球大学編『沖縄の農業』琉球大学、一九八五年。

林発『沖縄パイン産業史』沖縄パイン産業史刊行会、一九八四年。


〈新聞〉

『沖縄タイムス』

『琉球新報』


〈未公刊史料〉

東村役場作成資料「宮里松次村長が取り組んだパイナップル栽培について」

中村誠司編『人形劇団かじまやぁ―一八年のあゆみ』（私家版）一九九二年。

中村誠司編『おきなわ人形劇を生きる―人形劇団かじまやぁ創立二五周年』（私家版）一九九九年。

吉本勲『東村のパインづくりの歩み―見習おう、先人の開拓魂』（私家版）、一九九三年。

［著者略歴］

菅野 敦志 すがの・あつし

名桜大学国際学群国際学類・上級准教授

早稲田大学大学院アジア太平洋研究科国際関係学専攻博士後期課程修了（二〇〇七）、博士（学術）。

著書に、『台湾の国家と文化―「脱日本化」・「中国化」・「本土化」』（勁草書房，二〇一一年、第三三回発展途上国研究奨励賞）、『台湾の言語と文字―「国語」・「方言」・「文字改革」』（勁草書房、二〇一二年）。主な論文に「中華文化復興運動と「方言」問題（１９６６～１９７６）―マスメディアの「方言番組制限」に至る過程を中心として」（『日本台湾学会報』第五号、二〇〇三年、第三回日本台湾学会賞）など。

名桜大学やんばるブックレット　3
やんばると台湾──パインと人形劇にみるつながり

2018年3月26日　初版第1刷発行

著　者　菅野敦志
発行所　名桜大学
発売元　沖縄タイムス社
印刷所　光文堂コミュニケーションズ

ISBN978-4-87127-679-5　C0330

『やんばるブックレット』シリーズ刊行に際して

グローバリゼーションと呼ばれる現象は、人々の想像や想定をはるかに超える速さと広がりの中で私たちの生活を変えてきています。「やんばる」でも、グローバル化の波が足元まで押し寄せ、社会や歴史や文化を新たな視点から見直し、二十一世紀の新しい生き方を考えざるを得なくなってきました。名桜大学『やんばるブックレット』シリーズ刊行の背景には、このような時代の変容が横たわっています。

二十一世紀の沖縄はどこに向かうのか。どのような新しい生き方が私たちを待っているのか。沖縄北部を斬新な切り口から見つめ直すことで、沖縄や日本全体の未来が見えてこないか――。本ブックレットシリーズには人間の生き方を根源から問い直してみようという思いも込められています。

なによりも、新しい時代にふさわしい「やんばる像」（＝自己像）を発見し、構築しようという思いから本シリーズは刊行されることになりました。Edge《エッジ》＝「辺境」ではなく、cutting edge《カッティング・エッジ》＝「最先端」、「切っ先」としての「やんばる」を想像／創造してみたいと思います。名桜大学のブックレットシリーズが新たな未来と希望につながることを願っています。

二〇一六年　名桜大学学長　山里勝己